인생의 승부처
마흔, 식스파워
SIX POWER

양민찬 저

SIX POWER

SNS · 부동산 · 주식 · 자아성찰 · 통찰력 · 독서

도서출판 **책미다지**

인생의 승부처

마흔, 식스파워

1판 1쇄 발행 | 2022년 11월 11일

지 은 이 | 양민찬
펴 낸 이 | 이성범
펴 낸 곳 | 도서출판 책미다지
표지디자인 | 이진호
본문디자인 | 이정은

주　　소 | 서울 영등포구 양평로30길 14, 911호 (세종앤까뮤스퀘어)
전　　화 | (02)2277-9684~5 / 팩스 | (02)323-9686
전자우편 | taraepub@nate.com
출판등록 | 제2012-000232호

ISBN | 978-89-8250-153-1　13320

- 이 책은 저작권법에 의해 한국 내에서 보호를 받는 저작물이므로
  무단 전재와 무단 복제를 금합니다.
- 값은 뒤표지에 있습니다.
- 책미다지는 도서출판 타래의 임프린트 출판사입니다.

대한민국 40대에게 보내는 희망 메시지!
이 시대의 자기계발 로드맵 전문가!
자신감이 사라지고 앞날도 흐릿하게 느껴지는
힘겨운 마흔들에게 도전한 용기를 주고 싶있다.

Prologue

　오늘을 살아가는 40대는 직장에서는 퇴직을 두려워해야 하고 가정에서는 자녀들이 성장하는 만큼 자신의 경제력을 더 키워야 한다는 부담을 가진 나이다. 인생은 60부터라지만 실제로 인생은 마흔 이전과 이후로 나뉜다. 나이 마흔은 흔들리지 않는 불혹의 시기가 아니라 출렁다리 한가운데서 계속 흔들리면서 불안과 두려움을 가진 채 다리를 건너는 시기라고 봐야 한다.

　꿈 많던 20대를 보내고 회사 업무에 집중하며 가족에게 헌신한 30대를 지나 다다른 불혹의 나이 마흔! 우리는 '나'라는 존재 자체를 생각할 겨를도 없이 마흔이 되었다. 오늘날의 40대는 뒤를 돌아볼 여유조차 없이 세상을 살아왔고 길어진 은퇴 이후의 인생 후반전을 풍요롭게 보내기 위해 지금 더 열심히 뛰어야 한다고 자신을 격려하기도 한다.

　마흔은 인생 후반전을 풍요롭게 꾸려나가기 위한 전환점이자 객관적 시각에서 자신이 살아온 시간을 되돌아보고 미래를 내다볼 지혜가 필요한 시점이다. 그런 의미에서 나의 경험과 깨달음을 고백하면서 독자 여러분에게 희망과 용기를 주고 싶은 심정이다. 그리고 인생의 절정기인 바로 지금, 지금까지의 인생을 되돌아보고 진정한 자신의 인생을 찾아 조금씩 꾸준히 미래로 함께 나아가자고 격려해 주고 싶었다.

나도 어느덧 마흔을 넘기고 40대 중반이 되어간다. 서른에도 고민이 있었고 쉰에도 고민은 있을 것이다. 하지만 마흔은 다른 시기보다 더 예민하게 느껴진다. 마흔, 앞만 보고 달려온 직장인이나 출산과 육아로 경력이 단절된 이 시대 맘(Mom)들에게도 중요한 시점이다. 우리는 시대를 앞서나가지는 못하더라도 그 흐름은 따라가야 한다. 그러지 않으면 훗날 후회하고 우리나라에서 중상위 계층에 진입하기가 점점 더 어려워진다는 것을 알아야 한다.

금수저와 흙수저로 태어났더라도 지식이나 정보를 누가 먼저 선점하느냐에 따라 그 차이는 더 극명하게 벌어질 것이다. 정보량이 점점 많아지고 빠르게 공유됨으로써 앞으로 양극화는 심해질 것이다. 지금도 모든 분야가 빠르게 변화하는 시대이지만 앞으로 그 속도는 더 빨라질 것이다. 예를 들어, 10년 전만 해도 모든 정보는 TV와 신문에 있었다. 하지만 지금은 어떤가? TV 대신 자신만의 관심사를 찾아 1인 채널 유튜브에 몰입하고 열광한다. 활자체 신문이나 잡지가 아닌 네이버나 다음의 전자신문을 매일 아침 읽는 것이 현실이다.

지금 당장은 가랑비에 옷 젖듯이 서서히 스며들어 못 느낄지도 모르지만 5년 전, 10년 전과 비교하면 천지개벽이 된 것이다. 앞으로 10년 후에는 인공지능(AI) 로봇이 사람이 하는 대부분의 일을 맡을 것으로 예상된다. 지금 자율주행차가 나오는 것을 보면 놀랍지 않은가! 내가 어릴 때 막연히 상상하며 숙제로 제출했던 상황들이 지금 눈앞에서 벌어지고 있다. 앞으로 세상은 그렇게 변해갈 것이다.

몇 년 전부터 '파이어(FIRE)족'이라는 신조어가 생겼다. 파이어족은 2008년 글로벌 금융위기 이후 미국에서 급속히 퍼진 트렌드다. 경제적 자유와 조기 은퇴라는 멋진 말이지만 그 이면의 씁쓸함은 감출 수가 없다. 한마디로 더 이상 조직에 속하지 않고 빠르게 경제적 자유를 달성해 독립된 인간으로 산다는 뜻이다. 자기계발은 결코 유행이 아니다. 더 나은 인생을 향해 쓸모 있는 인재로 발전해 가는 것은 중요하고 점점 더 가속화될 것으로 예상된다. 그래서 경제적 자유가 자기계발에서 최고의 화두가 된 것이다. 어느 순간 내가 경제적 독립을 하고 내가 즐길 수 있는 업무를 하면서 살아가자는 인식이 보편화되었다. 50~60대는 공감하지 못할 수도 있지만 오늘날 분위기는 더 이상 조직이 중요한 것이 아니라 나를 브랜딩(Branding)해 나답게 사는 것을 중시한다.

내가 이 책을 쓰는 것은 이 시내의 30~40대가 마흔을 기점으로 갖춰야 할 여러 가지 능력을 알려주고 싶기 때문이다. 그 핵심은 수익 경영과 마음 경영 공부다. 자기경영, 경제적 자유 다 좋은데 지금 무엇을 어떻게 해야 할지 모르겠다는 분들이 많다고 여러 번 느꼈다. 나도 그랬다! 아직 마흔이 안된 독자도 있을 것이고 마흔이 넘은 독자도 있을 것이다. 하지만 나이가 중요한 것이 아니라 지금이라도 늦지 않았으니 내일부터라도 차근차근 하나씩 실천해 자기 내면의 성숙함과 이 시대를 살아갈 능력을 기르는 것이 중요하다는 것이다. 나도 아직 현재진행형이지만 시행착오를 덜 겪도록 방법을 제시해주고 싶은 심정이다. 그중에서 맞는 것을 선택해 자신만의 힘을 갖춘다면 우리가 직장에서 퇴직하거나 경력단절로 고민할 때 힘이 되어줄 것이라고 굳게 믿는다.

마지막으로 나는 여러분이 돈만 좇으라고 말하고 싶지는 않다. 자기계발은 재테크가 아니라 내면과 외형을 함께 성숙시키는 것임을 잊지 않길 바란다. 주변의 성공한 사람들을 보면 생각의 차이를 느낄 수 있다. 돈만 좇느냐 아니면 나의 성공을 다른 누군가에게 전파할 수 있는 선한 영향력을 가졌느냐 여부다. 다시 말하지만 아직 늦지 않았다. 49세라도 상관없다. 자신에게 맞는 자신만의 무기를 개발해 장수시대에 대비하고 자신이 원하는 방향으로 나아가며 궁극적으로 이웃에게 선한 영향을 미치는 존재가 되길 바란다. 이런 자기계발의 도전과 성취야말로 외부의 도전과 풍파로부터 자신과 가족을 보호하고 이 시대의 중심에서 살아갈 자존감을 줄 것이다.

지금 불안하고 두렵다면 생각과 마음가짐부터 바꾸고 내일 아침부터 당장 새벽 기상이나 감사의 일기부터 하나씩 실천해보길 바란다. 내가 글을 쓰는 지금은 새벽 시간이다. 작은 도전일지도 모르지만 작은 성취들이 쌓이면 더 큰 일을 해낼 내공이 당신 안에 생긴다는 것을 한 번 더 기억하길 바란다. 잘될 가능성이 있는 사람과 그 자리에 머물기만 할 사람은 쉽게 구별할 수 있다. 현재의 불안감에 그냥 주저앉을 것인가 아니면 위기를 기회로 생각할 수 있느냐의 차이다.

여러분이 이 책을 읽고 당장 내일 아침부터 실천하는 선택이 여러분의 제2의 인생을 결정한다고 생각해보면 어떨까? 그 간절함과 긍정의 에너지로 작은 도전과 실천을 계속 해나가길 기원한다. 그리고 이 책이 빛날 수 있도록 선택해주신 도서출판 타래 대표님과 본부장님 이하 편집부 직원들에게 감사의 인사를 올리며 앞으로도 묵묵히 책을 써나갈 것을 다짐한다. 끝으로 항상 묵묵히 저를 믿고 지켜봐 주시는 사랑하고 존경하는 부모님, 영원한 나의 천생연분 아내와 나의 보물 두 아들에게 이 책을 바친다.

Contents

Part 1 마흔의 수익 경영 13

1장 수익 플랫폼 제국의 시대가 온다 [언택트 확장 능력]
    01 SNS와 온라인 강연을 5년 앞당긴 언택트 시대   17
    02 블로그가 뭐야? 나한테 필요한가?   24
    03 임팩트 있는 최고의 홍보, 인스타그램!   31
    04 망설이면 못하는 유튜브 시작!   39
    05 앞으로 더 가속화될 1인 브랜딩 크리에이터 시대   49

2장 부동산을 모르면 금수저 되기 어렵다 [자산을 키우는 능력]
    01 레버리지를 최대한 이용하라   63
    02 마흔, 부동산을 왜 지금에서야 알았을까?   68
    03 부동산 투자에도 과목이 많다   79
    04 좋은 집 한 채를 위한 지속적인 부동산 공부   88

3장 이제 주식투자는 선택이 아닌 필수 [월세를 받는 능력]
    01 주식은 무조건 도박일까?   97
    02 실전 투자 이전에 멘탈 관리와 트레이닝이 먼저다   105
    03 기업의 스토리를 알고 종목을 선정하자   111
    04 주식은 타이밍과 절제의 싸움이다   116
    05 주식 부자가 된 사람들 이야기   126

Part 2 마흔의 마음 경영 135

4장 내면까지 성숙한 어른이 되기 위한 마흔 살 [자아성찰력]
01 걷기와 등산으로 사색의 시간을 갖다   139
02 과거의 나의 발자국과 앞으로의 나의 길을 생각해보다   149
03 현재를 받아들여야 미래 계획이 생산적이다   157
04 내가 결정하고 책임지고 해결한다   162
05 제2의 인생을 살기 위한 마음가짐과 감사의 마음   168

5장 자기계발의 가치관과 로드맵 [시대를 내다보는 통찰력]
01 내 꿈이 고객에게 필요해야 성공할 수 있다   177
02 소비자의 삶에서 생산자의 삶으로   182
03 어떻게 살아야 잘사는 것인지 고민해야 한다   188
04 돈만 좇으면 돈만 남는다   196
05 나도 누군가에게 선한 영향을 줄 수 있다면?   203
06 어느 분야든 고수가 되기 위한 발걸음   207

6장 잠 못 드는 밤 책을 읽었다 [독서를 통한 긍정의 깨우침]
01 읽을수록 더 읽고 싶어지는 독서의 재미를 느끼다   219
02 책 속에 길이 있다는 말이 맞다는 것을 깨달았다   229
03 한 달에 한 권에서 1년에 100권 독서로   237
04 밑줄 읽기에서 요약을 거쳐 실천으로   245
05 독서의 끝판왕, 독서토론 모임   251

마흔의 수익 경영

1장

수익 플랫폼 제국의 시대가 온다

[언택트 확장 능력]

01

SNS와 온라인 강연을
5년 앞당긴 언택트 시대

　늘 그랬듯이 세상은 급속히 변하고 있다. '10년이면 강산도 변한다'는 옛말이고 지금은 3년 정도도 적응이 안 될 만큼 달라지고 있다. 그중 대표적인 것은 SNS 등 온라인의 눈부신 발전 속도다. 얼마 전 해외에 파견 나간 친구와 영상통화를 한 적이 있는데 새삼 신기했다. 지구 반대편 남아공에 있는 사람과 통한다는 것, 더구나 실시간 영상이 가능하다는 것도 그저 신기할 뿐이었다.

　지난 20여 년 동안 SNS는 급속도로 변화해왔다. 2000년대 초 군에서 제대할 무렵 다음 메일이 생기고 싸이월드가 한창이었다. 이후 다음 카페에서 네이버 카페로 트렌드가 바뀌었고 그 이후 한동안 네이버는 검색엔진이라는 무기로 확고한 입지를 다지고 있다. 최근 몇 년 사이에는 카카오톡, 페이스북, 인스타그램이 각자의 장점을 살려 진보해가고 있고 가장 강력하다는 1인 TV 유튜브

소셜미디어 이용 이유 (2016~2020)

	2016년	2017년	2018년 (489)	2019년 (490)	2020년 (491)
취미/관심사의 공유	39.4	41.2	44.0	45.5	46.8
흥미위주 콘텐츠 획득	30.5	35.9	38.0	41.8	46.4
유용한 콘텐츠(뉴스 등) 획득	29.7	32.4	40.3	40.4	44.4
시간을 때우기 위해	29.7	31.2	33.5	33.9	36.5
사진/동영상 등 공유	37.9	41.2	36.2	36.9	32.0
지인/친구와의 교류	52.2	46.3	38.9	31.8	26.1
SNS의 커뮤니티를 활용	15.7	16.7	14.3	15.1	14.7
개인 홍보(PR)	4.1	4.3	3.3	4.1	5.7
하지 않으면 뒤쳐지는 것 같아서	3.3	2.2	2.9	4.3	3.7

[Base: 최근 1개월 내 소셜미디어 이용자, N=610, 단위 : %, 순위형 응답(1+2+3순위)]
* 하늘색 음영: 평균 대비 +5%P 이상인 데이터

[출처: 오픈서베이, 소셜미디어와 검색 포탈에 관한 리포트 2020]

가 기세등등 영토를 확장 중이다.

바야흐로 플랫폼 제국 시대가 오는 것이다. 아니, 벌써 왔다. 작년부터 전 세계를 덮친 코로나 사태로 언택트 시대가 5년 이상 앞당겨졌다고 한다. 우리 일상이 오프라인에서 온라인으로 바뀌는 추세는 앞으로 더 가속화될 것으로 예상된다. 재택근무 제도를 실시할 수 있는 기업은 효율적인 재택근무 시스템을 점점 더 많이 구축할 것이고 'ZOOM'과 같은 프로그램을 활용해 오프라인 강의나 모임이 아닌 온라인 활동이 더 확산될 것이다. 물론 역설적으로 생각하면 오프라인의 장점이 부각될 수도 있다.

SNS의 종류는 다음과 같다.

- 글로 쓰는 트위터, 페이스북, 블로그
- 지인들끼리 소통하는 카카오톡, 카카오스토리, 밴드, 라인, 비트윈, 클래스팅
- 이미지와 영상으로 공개하는 인스타그램, 유튜브, 틱톡

최근 급속도로 발전한 온라인 세상에서 내가 어떤 컨텐츠를 다루면 더 잘할 수 있을지 고민해보는 시간을 갖길 바란다. 나만의 장점을 파악하고 최근의 시장 트렌드를 조사하면서 어떤 SNS가 나와 잘 맞고 내가 추구하는 방향과 맞는지 한 번 더 면밀히 파악해보길 바란다. 처음부터 방향성을 잡고 나아간다면 나보다 먼저 시작해 앞서간 인플루언서만큼 더 빨리 그 수준에 도달할 것이다.

한 가지 분명한 것은 목적이 무엇이든 최소한 2개 이상의 채널을 운영해야 한다는 것이다. 블로그, 인스타그램도 좋고 블로그나 유튜브도 좋다. 다소 시간이 걸리더라도 거북이처럼 천천히 해보라고 권하고 싶다. 일단 우리에게 중요한 것은 작은 도전들이다. 그 과정이 쌓이면 큰 힘과 영향을 발휘할 것이다.

내 블로그의 연령대 분포를 분석해보면 70%가 35~45세에 집

중되어 있다. 그만큼 이 시기에 고민이 많고 도전하려는 의지가 강하다는 의미일 것이다. 현재의 3040세대는 윈도우나 다음과 같은 디지털 문화를 일찍 접한 덕분에 가능한 것이다.

내가 블로그, 인스타그램, 유튜브를 진행하면서 가장 좋았던 점은 이 시대를 살아갈 수 있다는 자신감이었다. 컴퓨터를 몰랐을 때 윈도우 프로그램을 알거나 엑셀이나 파워포인트를 잘하는 친구나 선배를 부러워했던 것처럼 말이다. 지금은 SNS가 가속화된 언택트 4차산업혁명 시대를 살아가는 우리에게 반드시 필요한 문명의 발자국이라고 생각한다. 나는 단언한다. 더 이상 외면하거나 필요 없다며 피하지 말고 당장 내일부터 시작해야 한다고! 그때 잘 시작했다고 생각할 때가 분명히 올 것이다.

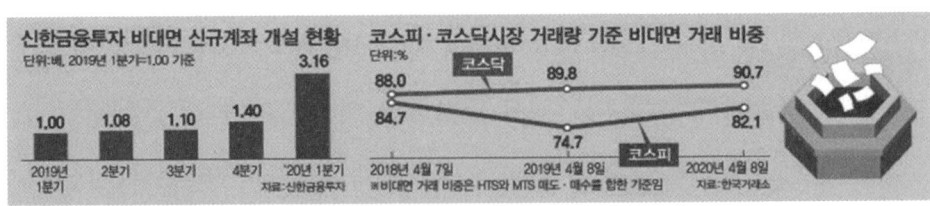

[출처: 한국거래소, 증권사 비대면 계좌 개설 증가 현황]

수 년 전부터 최근까지 택트(대면)에서 언택트(비대면)로 진행되어 왔다. 전자결제뿐만 아니라 고속도로 톨게이트, 패스트푸드

점 메뉴 주문, 증권사 주식 매수·매도 주문 등 대부분의 프로세스가 앞으로는 사람과 사람이 직접 만나지 않는 언택트라는 사실을 몸소 체감하고 있다.

몇 년 전 프로바둑 기사 이세돌 9단이 인공지능 '알파고'와 바둑을 두는 모습이 처음에는 신기했지만 더 이상 놀랍지 않듯이 앞으로 사람과 사람이 직접 만나는 경우는 더 줄어들 것이다. 반면, 문명 발전과 별개로 사람에 대한 그리움이 생기고 그 소중함을 더 느끼게 될 것이다. 아쉬움과 오프라인에 대한 그리움이 드는 것이 사실이지만 시대적 대세는 돌이킬 수 없이 가속화되고 있다.

최근 들어 이메일에서 카페, 밴드, 블로그, 인스타그램, 유튜브로 발전하는 것을 볼 수 있다. 그러면서 이제 서로 만나지 않고도 소통할 수 있는 시대가 되었다고 생각한다. 이런 흐름은 하루아침에 생긴 것이 아니라 코로나 때문에 좀 더 빨리 진행되었을 뿐이다. 즉, 언젠가 코로나 사태가 종식되더라도 원래 상태인 오프라인 세상으로 되돌아가지는 않을 거라는 뜻이다. 앞으로는 온라인 기반 친목모임이 활성화되고 온라인 세상이 오프라인 세상을 지배할 것이다. 온라인은 오프라인보다 양극화를 더 가속화하기 때문에 여러분은 지금이라도 온라인과 더 친해지고 경쟁력과 영향력을 갖춰야 한다.

　카페나 음식점들도 SNS 마케팅으로 손님을 초대하고 댓글을 달게 하는 마케팅을 시행하는 것을 보면 우리가 SNS에서 왜 예외가 될 수 없는지 알 수 있다. 또한, 커피를 직접 사서 갖다 주지 않고 카카오 선물하기로 전달한다. 대형마트 일부 점포가 폐점하고 쿠팡, 11번가, 마켓컬리가 시장을 점점 더 잠식하는 현실을 목격하고 있지 않은가! 이런 흐름을 누가 먼저 선점하느냐에 따라 부의 균형이 다시 이동할 수 있다. 재택근무 시스템을 구축해 위기를 돌파하는 기업이 있는가 하면 오프라인으로만 일해야 하는 현실을 받아들이는 기업도 있다.

　개인이든 기업이든 국가든 변하는 시대에 빨리 순응해야 승리한다. 오프라인으로 100명을 모집할 수 있었던 강사가 온라인으로 인원 제한 없이 ZOOM 강의나 동영상 녹화 강의로 수익을 수십 배나 더 올리는 것을 나는 똑똑히 목격했다. 우리가 블로그, 인스타그램, 유튜브를 해야 할 다양한 이유가 있다. 마흔 전후라면 제2의 인생을 위해서라도 반드시 시작해 꾸준히 가꾸어야 한다고 생각한다. 30대 후반과 40대 초반은 사회를 지탱하는 핵심 허리층이다. 정보도 가장 많이 얻고 일정 수준 이상의 능력도 갖춰야 할 연령대다. 수익화를 위해서가 아니더라도 시대 흐름과 맞물려 있으므로 그에 발맞춰 조금이라도 앞서나가야 한다는 사실을 한 번 더 강조하고 싶다.

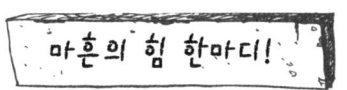

지금이라도 나이와 상관없이 SNS를 활용할 줄 알아야 한다. 특히 마흔 전후라면 생산자와 소비자로서 SNS를 더 열심히 더 적극적으로 활용해야 한다. 그것이 이 시대의 필연적 상황임을 깨닫고 지금부터라도 하나씩 온라인 소통을 하길 바란다.

02

블로그가 뭐야?
나한테 필요한가?

내가 블로그를 알게 된 것은 불과 2년 전이었다. 지금은 사라졌지만 한때 '파워블로거'로 명성을 날린 분들은 블로그를 10년 이상 운영한 분들이었다. 그중 어떤 블로거는 수익은 별로 의식하지 않고 시간에 투자했더니 애드 포스트 광고수익이 천만 원 가까이 누적된 것을 보고 자신도 놀랐다고 했다. 꾸준함과 누적의 힘은 이만큼 무서운 것이다. 하지만 실제로 블로그의 필요성이 많이 부각되고 일반인도 자신감을 얻고 시작한 것은 불과 3~4년 전이다. 그러니 여러분도 아직 늦지 않았다.

지금은 완전히 대중적인 SNS가 된 블로그임에도 아직 안 하거나 중간에 포기한 분들도 상당히 많은 것을 보면 결국 포기하지 않고 꾸준히 기록하고 정보를 생산해내는 것이 성패의 중요한 관건이라고 판단한다. 그러므로 절대로 늦었다고 생각하지 않길 바란다. 어차피 우리는 시대 흐름에 맞는 SNS와 더 친해져야 한다는 것을 한 번 더 강조하고 싶다. 처음에는 나도 네이버나 다음을 검색엔진으로만 생각하고 포털뉴스에서 정보를 얻는 데 그쳤지만 내가 간과하는 사이 시대는 빠르게 변해 다른 채널이 생기고 진화하고 있었다. 인터넷에서 글을 읽고 소비하는 것도 필요하지만 나만의 구독자들에게 메시지를 전달하는 블로그의 큰 장점을 활용할 줄 알아야 한다.

언제부터인지 유튜브가 활기를 띠자 "블로그 글 시대에서 영상 시대로 바뀐 것 아닌가?"라고 반문하면서 아예 처음부터 블로그를 시작하지 않는 분들도 있다고 들었다. 하지만 그것은 큰 착각이며

최근 한 달 이내 이용 및 주 이용 검색 포털 사이트

	전체					Gap	성별		연령별				
■ 주 이용 ■ 최근 한달 내 이용	2018년		2019년		2020년	주 이용 ('20-'19)	남	여	10대	20대	30대	40대	50대
Base	(500)		(500)		(500)		(310)	(310)	(120)	(124)	(126)	(124)	(126)
NAVER	75.2	94.0	74.4	95.6	76.0 94.2	+1.6	65.8	83.2	68.3	77.4	74.6	77.4	74.6
Google	11.8	59.0	13.2	60.4	13.0 64.0	-0.2	24.5	7.7	29.2	16.1	18.3	11.3	6.3
Daum	10.2	59.0	9.6	50.2	9.2 50.4	-0.4	7.4	7.7	0.8	3.2	4.8	10.5	18.3
NATE	1.8	14.2	2.0	15.0	1.0 13.0	-1.0	1.6	0.7	0.8	0.8	1.6	0.8	0.8

[Base: 전체 응답자, N=620, 단위 : %, 단수/복수응답]
* 주 이용 기준 1% 미만의 경우 제시하지 않음 / * 배너분석은 주 이용 데이터 / * 하늘색 음영: 평균 대비 +5%P 이상인 데이터

[출처: 오픈서베이, 네이버 검색 비율 및 블로그 파워]

지금이라도 그 생각을 바로잡아 주고 싶다. 글은 글이고 영상은 영상으로서 가치가 다른 것이다.

뭐든지 처음 시작할 때가 낯설다. 나도 처음에는 블로그 포스팅을 남의 이야기로 치부했고 내가 저렇게 글을 쓸 수 있을지 많이 의심했다. 2000년대 초 유행했던 싸이월드처럼 될까 봐 우려하기도 했다. 그런데 뭐든지 미리 걱정하기보다 실행하면서 그 즐거움 안에 있다 보면 글쓰기와 블로그 소재 찾기 등의 어려움이 조금씩 사라지는 것을 느꼈다.

2018년 블로그에 대한 3시간짜리 원데이 강의를 들은 적이 있다. 전국에서 모여든 사람들이 강의를 열심히 듣는 모습을 목격했지만 그때뿐이었고 나는 1일 1포스팅의 위력을 지나쳤다. 더 엄밀히 말해 1일 1포스팅 소재도 못 찾았고 글을 어떤 문체로 써야 할지도 모르는 시절이다 보니 당연히 좋은 강의를 듣더라도 그날 들은 데 만족하고 다음 날만 되면 다시 회사 업무에 스며들었다.

최근 핫 이슈인 언택트 시대 여러 방면의 수익화 방법 등에는 관심조차 없었다. "회사 일도 하가 바쁜데 그런 데까지 신경 쓸 여유가 어디 있어?", "내가 블로그를 해서 무엇을 얻을까?", "내가 쓸 수 있는 소재가 과연 있을까?" 등 하지 않아야 할 이유가 너무나 많았다. 간절함도 관심도 없었다. 그러면서 1년이 흘러갔다. 그럼에도 불구하고 그동안 블로그에 대한 목적성은 조금씩 희미하게 보이기 시작했다. 그것은 내가 경험하고 생각한 것을 블로그에 옮겨놓으면 나중에 그 기록이 남아 추억과 자료의 역할을 할 것이라는 믿음이었다. 다른 하나는 언젠가 강의를 하거나 책을 쓰면 SNS 홍보물로서 브랜딩효과가 있을 거라는 막연한 기대감이었다.

그래서 SNS 중에서 나 자신을 가장 잘 드러내지 않는 블로그를 해야겠다는 생각이 강하게 들었다. 나름대로 꾸준히 블로그에 관심을 갖고 임하다 보니 어느새 4천 명 가까운 구독자가 생겼고 그중에는 내 글이 발행될 때마다 공감과 댓글로 소통해주시는 찐팬도 생겼다. 서평단이나 맛집 체험단도 블로그를 하면서 얻은 소득이다. 우리가 뭔가에 임할 때는 목적성을 갖기보다 즐기면서 여유 있게 해보는 것이 바람직하다고 생각한다. 즐기는 사람을 이길 사람은 없다!

그리고 늦게 시작했다고 절대로 기죽지 말고 자신의 페이스대로 해나가길 바란다. 나도 하루아침에 잘해보려고 애썼지만 그것은 정답이 아니었다. 시간 투자와 꾸준한 노력만 있다면 그 시기는 충분히 앞당길 수 있으니 조급함보다 마음의 여유를 갖고 거북이처럼 꾸준히 블로그 포스팅을 해나간다면 더없이 좋은 습관과 플랫폼이 될 것이다.

블로그를 시작한 지 몇 년째가 되어간다. 어느새 이웃도 많아지고 방문자도 꾸준히 유입되고 있다. 내 나름대로 전문성을 띤 주제의 글도 꾸준히 작성하고 있다. 체험단에도 꾸준히 참여하면서 맛집에도 가고 있다. 나는 여러분이 지금이라도 블로그를 시작하길 바란다. 처음에는 생산자로의 포스팅이 아니더라도 다른 사람들의 글을 살펴보고 유익한 자료가 있는지 살펴보면서 글의 소비자로서 관심만 가져도 좋다. 포기만 안 하길 바란다.

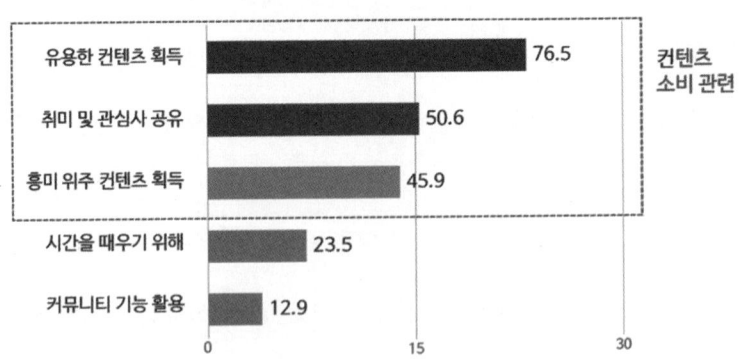

[출처: 오픈서베이, 2018년 소셜미디어 리포트]

＊ 내가 생각하는, 블로그를 해야 하는 넓은 의미의 목적

- 기록 수단으로서 필요하다.
- 브런치 작가와 책 쓰기까지 생산적 활동이 확대될 수 있다.
- 블로그는 취미 생활이자 나의 성장과 발전을 함께 할 수 있다.
- 수익화를 통해 새로운 머니 트리를 만들 수 있다.

＊ 블로그를 처음에 어떻게 시작해야 할까?

- 각 분야의 유명 블로거를 찾아 글을 읽어보며 소통하기
- 나만의 블로그 목표 정하기(1일 1포스팅, 이웃 늘리기 OO명)
- 구체적인 주제와 소재 기획하기

＊ 블로그 수익화 방법

- 제품을 제공받아 포스팅하고 원고료 받기
- 내 주제와 관련된 쇼핑몰, 스마트스토어 운영하기
- 애드 포스트, 체험단, 강의, 프로젝트, 책 출간사업, 퍼스널 브랜딩, 인플루언서, 선한 영향력

＊ 블로그를 포기하지 않고 계속하기 위한 꿀팁

- 글감과 소재를 일상에서 계속 생각한다.
- 1일 1포스팅은 기본! 최소한 6개월 동안 해보면 답이 보인다.
- 상위 노출로 흥미와 만족을 느낀다.
- 블로거들과의 댓글이 공감보다 중요하다.
- 매달 한 번씩 자신의 발전을 칭찬해준다.

네이버에 대해 좀 더 많이 알아두면 좋은 꿀팁!

리브라	C-RANK	D.I.A.
2016년까지	2016년부터	2018년 추가

* 검색엔진 최적화 요소

블로그 명, 컨텐츠 제목, 카테고리 설정, 이미지 및 동영상, 글의 길이, 검색되는 태그, 소개 글, 공지, 댓글, 공감, 체류 시간, 운영 기간

마흔의 힘 한마디!

블로그는 마흔에 갖춰야 할 SNS 수익 플랫폼의 기본 베이스 캠프다. 더 이상 외면하기에는 블로그의 장점이 너무나 많다. 내일부터 적극적인 생산자로서 블로그 글쓰기를 시도해보라. 내 글을 누군가가 많이 읽어주었을 때의 희열을 느낄 수 있다.

03

임팩트 있는 최고의 홍보, 인스타그램!

"인스타그램이 뭐였더라?"

몇 년 전 10㎞ 마라톤을 뛰기 위해 여의도 광장에 간 적이 있는데 당시 나는 인스타그램에 관심이 전혀 없었던 시기였다. 일반적으로 마라톤 행사에서는 협찬이나 후원사의 지원 및 행사가 많은데 그때도 '뉴발란스'라는 회사가 인스타그램 마케팅 중이었다. 하지만 당시 나는 계정도 없었고 피드를 올리는 것은 낯선 경험이었다. 결국 태그를 달아 사진을 올리고 인증해 작은 기념품을 받을 수 있었다.

인스타그램의 첫 추억은 그렇게 지나갔다. 그 후로도 여전히 인스타그램에 관심이 전혀 없었고 그걸 내가 왜 해야 하는지 필요성도 전혀 못 느꼈다. 오히려 젊은 층이 많이 하거나 자신을 자랑하거나 드러내는 SNS라는 부정적인 인식뿐이었다. 실제로 나는 연예인들의 사생활이 노출되거나 자기 자랑 늘어놓기 등의 부작용을 양산하는 인스타그램에 대해 부정적인 생각만 굳어질 뿐이었다. 그렇게 나와는 거리가 멀게 느껴진 인스타그램 SNS가 어느새 나의 소중한 일상의 한 컷을 담는 매개체로 자리잡았다. 자연스럽게 사진 찍는 실력도 많이 늘었다. 나를 알리는 데 대한 거부감도 조금씩 사라졌다. 우리는 어떤 일에 심취하면 부가적으로 뭐가를 얻는 경험을 하는데 이번에도 그랬다.

인스타그램 외에도 SNS는 각각 분명한 장·단점이 있다. 그래서 많은 SNS 중에서 나와 잘 맞는 최소한 2가지 이상을 선택해 긍정적인 면을 잘 활용한다면 좋을 것이다. 그렇다면 인스타그램의 장점은 무엇일까?

첫째, 적은 시간 투자로 일상의 모습을 임팩트 있게 전할 수 있다. 둘째, 블로그나 페이스북 글보다 사진의 시각적 효과가 뛰어나다. 셋째, 개성 있는 사진과 팔로워와의 소통으로 강한 메시지나 광고효과를 낼 수 있다. 사실 나도 처음에는 인스타그램의 존재를 크게 인식하지 못했지만 세계적 스포츠용품 브랜드인 나이키나 아디다스를 보면 잘 알 수 있듯이 인스타그램은 절대로 무시할 수 없는 강력한 광고효과가 있다. 나이키의 팔로워 수는 약 1억 2천만 명이며 아디다스는 약 2,590만 명이다. 사진 한 장으로 전 세계에 광고할 수 있는 SNS인 것이다.

나도 인스타그램을 처음 시작할 때 적극적으로 1일 1피드(1개 업로드가 1피드)하면서 자연스럽게 인스타그램에 흥미를 더 갖게 되었다. 역시 뭐든지 망설이지 않고 직접 부딪쳐 실행해보는 것이 최선임을 다시 실감한다. "재미가 있을까?", "내게 도움이 될까?" 이런 부정적인 생각보다 오늘 당장 시작해보는 도전정신이 우리의 힘을 더 강하게 해줄 것이다. 특히 블로그, 인스타그램, 유튜브는 더더욱 그렇다. SNS를 꾸준히 하는 데서 자신의 실행력과 꾸준함이 그대로 드러난다.

사실 대부분의 사람들은 자신의 사생활을 밝히는 것을 꺼린다. 그럼에도 불구하고 SNS에 흥미를 느끼게 되면 적극적으로 자신의 사진을 여기저기 SNS에 프로필로 올린다. 나는 유튜브를 제외하고 약간의 익명성에 감춰진 매력이 좋은 것 같다. 유튜브도 개인 취향이나 컨텐츠에 따라 얼굴을 보여주지 않는 경우도 많다. 어쨌든 SNS 중에서도 인스타그램은 장점이 많으니 과감히 도전해보길 바란다. 사진 찍는 실력도 처음보다 많이 늘 것이다. 꾸준히 피드하고 스토리와 하이라이트를 통해 정보를 임팩트 있게 전달하고

IGTV를 통해 실감나는 영상을 제공하면 인스타그램으로도 충분히 극대화된 효과를 볼 수 있다고 생각한다. 나아가 상품정보를 제공해 판매를 촉진할 수도 있다.

우리가 사는 4차산업혁명 시대에는 온라인에서 얻는 정보가 더 많아지고 온라인 이웃과 교류하는 경우가 많아질 것이기 때문에 SNS가 필요한 것이다. 그런 면에서 사진 1~2장으로 정보를 빠르게 얻을 수 있고 내가 다른 사람들에게 정보를 임팩트 있게 여러 번 반복해 생산해낼 수 있는 SNS가 바로 인스타그램이다. 사진을 근사하게 찍어야 한다는 부담이 있을 수도 있지만 사진의 퀄리티보다 중요한 것은 지속적인 관심과 꾸준한 1피드일 것이다. 보통 팔로워가 천 명이 될 때까지는 질적 성장보다 양적 성장부터 추구해야 한다. 그 이후에는 사진과 간단한 글의 퀄리티에도 신경써야 한다.

나도 아직 1,600명의 팔로워가 있는 현재진행형이지만 부담 없이 즐길 수 있는 SNS인 인스타그램은 하면 할수록 매력적이다.

> * 인스타그램의 목적
>
> - 컨텐츠 홍보 및 매출 극대화
> - 브랜드와 제품 정보 제공으로 인한 홍보 및 인지도 강화
> - 인플루언서 활동을 통한 고객과의 의사소통 및 마케팅

처음부터 너무 좋은 사진과 멋진 스토리로 관심을 받으려고 하면 쉽게 포기할 수 있으니 처음에는 부담 없이 1일 1피드를 3~6개월 이상 지속적으로 생산하는 것이 정답이라고 본다.

한편, 인스타그램은 단점도 분명히 있다. 첫째, 이미지 사진의 한계와 중심 소재가 제한적이다. 둘째, 내가 팔로잉한다고 상대방도 반드시 맞팔한다는 보장이 없고 가능성도 크지 않다. 게다가 광고성 유저도 많아 자신의 관심 카테고리를 잘 선별해 팔로잉하기도 결코 쉽지 않다. 이런 단점도 있지만 인스타그램은 부담 없이 내 정보를 생산할 수 있고 상대방으로부터 얻는 정보도 매우 많다. 당장

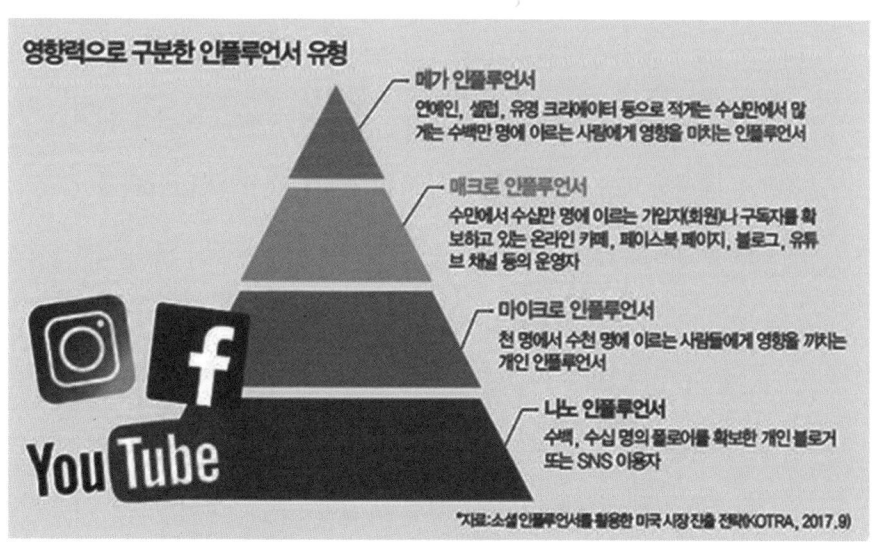

[출처: 코트라, 인플루언스를 활용한 미국시장 진출 전략]

수익화를 위해 하지 않더라도 꾸준히 팔로워를 늘리고 이웃과 공감한다면 블로그나 유튜브로의 확장과 시너지효과도 기대되어 나는 시작할 수 있었다. 인스타그램은 처음에는 팔로워를 수백 명까지 늘리는 것이 쉽지 않다고 한다. 결국 자기만의 인스타그램 감수성과 방향을 찾아가야 한다. 인스타그램도 전략적인 노력이 필요하다. 최소 천 명이 넘으면 체험단 당첨이 가능하거나 제휴업체가 의뢰한다고 한다. 만 명이 되는 순간 수익화를 위한 홍보와 판매, 체험단 의뢰 등 많은 제안을 할 수 있고 받을 수도 있을 것이다.

참고로 인스타그램은 팔로워 수에 따라 만 명 미만은 마이크로 인플루언서, 만 명부터 수십만 명은 매크로 인플루언서, 수백만 명 이상은 메가 인플루언서라고 한다. 영향력 있는 인플루언서가 되면 기업이나 광고업체로부터 광고를 수주하거나 제휴 채널을 통해 광고를 게재하고 수수료를 받거나 공동구매나 개인 쇼핑몰을 열어 제품을 판매하고 돈을 벌 수 있다.

그럼 우리는 어떤 사람들을 팔로잉해야 할까? 먼저 해시태그로 검색해 내가 원하는 관심 분야의 팔로워를 찾아야 한다. 둘째, 인스타그램으로 명성이 있거나 사진 등 효과적인 피드를 하는 사람을 팔로잉하는 것이다. 이렇게 자신의 방향성에 맞게 롤모델 몇 명을 선정해 그들의 컨텐츠와 장·단점을 분석해 자신에 맞게 재구성해보면 자신만의 색깔이 담긴 인스타그램이 될 것이다. 면밀한 분석까지는 아니더라도 롤모델을 파악하고 그들의 장점을 따라해보는 것은 의미가 있다. 막연히 요즘 잘나가는 컨텐츠라고 애견이나 베이비, 뷰티 등을 한다면 자신의 정체성과 꾸준함을 지속하기 힘들 것이다. 이것은 유튜브에도 똑같이 적용된다. 어떤 SNS라도 자신이 좋아하거나 잘할 수 있는 컨텐츠 등을 잘 고려해 그 방향으로 일관되게 진행하는 것이 가장 이상적이다. 나도 처음에는 컨텐츠를 어떻게 잡아야 할지 고민이 많았고 그 고민은 진행 중에도 계속되어 방향을 조금씩 수정한 것 같다.

> *** 인스타그램을 시작할 때 미리 알아두면 좋은 팁!**
>
> - 하루 1개가 아닌 2~3개를 피드하면 더 좋다.
> - 사진을 잘 찍으면 훨씬 좋고 추가로 편집이나 앱을 잘 활용하라.
> - 이웃 팔로워와의 관계가 중요하다. 찐팬을 만들 수 있다.
> - 자신이 활용할 적절한 해시태그를 생각하며 키워드를 검색해본다.
> - 겨우 사진 몇 장이지만 나만의 색깔을 일관성 있게 표현할 줄 알아야 한다.

> *** 최근 잘 나가는 인스타그램 컨텐츠는 무엇일까?**
>
> - 뷰티: 여성들에게 강점이 있는 컨텐츠다.
> - 동물: 1인가구 시대에 따른 애완견 컨텐츠
> - 패션: 의류 구매를 인터넷으로 알아본다.
> - 다이어트: 수요와 임팩트가 강하다.

＊ 인스타그램을 당장 내일부터 시작하는 방법!

1. 인스타그램 앱 다운로드하기
2. 회원 가입하기
3. 내 프로필 정보 입력하기
4. 내 프로필 사진 추가하기
5. 내 소개 및 정보 입력하기

마흔의 힘 한마디!

임팩트 있는 사진 몇 장과 짧은 문장으로 크리에이터가 될 수 있다. 하지만 별 것 아닌 것 같은 인스타그램의 파급력은 전 세계적으로 점점 커지고 있다. 노력 대비 큰 효과를 누릴 수 있는 SNS가 인스타그램이다. 인스타그램 팔로워 만 명을 꿈꾸며 도전해보자.

04
망설이면 못하는 유튜브 시작!

　바야흐로 1인 크리에이터 시대다. 그중 유튜브가 대표적인데 경쟁이 치열해지고 있고 일정 수준 이상에서 수익이 발생한다. 차별화된 컨텐츠를 생산해야 한다는 부담이 있는 것도 사실이다. 일부 유튜버는 빠른 도약을 위해 자신의 관심사와 상관없는 따라하기와 자극적인 영상을 찍기도 한다. 일시적으로는 좋을 수 있지만 자신의 방향성과 정체성을 찾아나가는 것이 더 중요하다고 본다. 구독자 만 명이 넘는 유튜버도 많고 연봉 1억 원을 달성한 사람도 많다는데 과연 어떻게 가능했는지 궁금하지 않은가? 사실 나는 전부터 블로그나 인스타그램보다 유튜브에 호기심이 더 많았고 반드시 해보고 싶었다. 간절함과 용기가 없었을 뿐!

　최근 고수익을 올리는 어린이 유튜브 등의 영향 때문인지 초등학생의 희망직업 TOP 5 안에 들었으니 내가 학교 다닐 때와 너무나 다르다. 지금이라도 시대 흐름을 받아들이고 유튜브에 동참해야 한다. 우리는 내가 가진 지식과 정보 컨텐츠를 생산해야 하는 시대를 살고 있다. 유튜브는 이제 뉴스부터 취미생활뿐만 아니라 교육 수단으로까지 발전했다. 4차산업혁명 시대를 사는 우리에게 가장 적합하고 유용한 SNS 수단이 될 것은 분명하다. TV의 역할을 대신하고 있으니 말이다. 그렇다면 이렇게 스마트폰과 마이크만으로 많은 구독자와 조회 수를 기록하며 인생 역전을 할 수 있는 신박한(?) 유튜브 영상은 어떻게 만들어야 할까? 사실 유튜브는 자신의 목소리와 얼굴이 나올 수 있다는 점에서 부담스러운 SNS임은 분명하다. 컨텐츠도 차별화가 확실해야 하며 시간도 많이 소요되는 편이다. 그래서인지 대부분 섣불리 시작하지 못한다. 컨텐츠를 지속적으로 제공해야 한다는 부담도 있다.

시작하기는 했는데 흐지부지 안 하는 경우도 많다. 대본 작성과 촬영 편집 등 시간을 많이 투자했음에도 시청이나 구독자 수가 적으면 허탈해지기 때문이다. 독서나 재테크는 자기 의지대로 할 수 있지만 SNS는 소통이 안 되거나 컨텐츠를 제대로 확보하지 못하며 쉽게 포기할 수도 있다. 그러므로 여러분도 도전정신과 더불어 거북이처럼 지속하는 꾸준함이 있어야 할 것이다. 유튜브를 포함한 SNS는 결국 도전과 꾸준함을 키우는 트레이닝이라고 할 수 있을 것 같다.

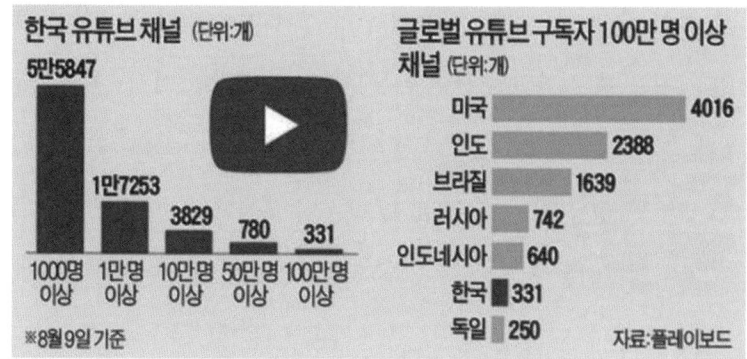

[출처: 플레이보드, 유튜브 채널 현황]

　최근 통계에 의하면 검색량이 급격히 높아진 채널이 유튜브다. 불과 5년 전 초창기에는 자료가 부실해 정보를 검색해도 제대로 된 영상을 제공하지 못했지만 현재는 네이버나 다음 등의 포털 사이트 못지않게 신뢰감 가는 영상자료가 많이 검색된다. 특히 글이나 사진보다 더 생생한 표현과 전달이 가능하다는 점이 유튜브의 최대 장점이다. 지금도 유튜브를 많이 시작하고 경쟁이 치열하다 보니 그만큼 더 많은 유튜버는 유저가 원하는 양질의 컨텐츠를 많이 업로드하고 있다고 보면 될 것이다. 현대인들은 정보를 빨리 쉽게 접하고 이해하길 원하는데 유튜브는 글이나 사진보다 잘 부합하는 영상을 제공해 인기가 있는 것이다. 1인 TV인 것이다. 실제로 유튜브 제목을 보면 TV라는 말을 많이 붙인다. 관심있는 영상이 계속 노출되는 것이 유튜브 TV다.

사실 유튜브는 내가 지금 하는 SNS 중에서 가장 부족한 부분이다. 최근 책 집필과 더불어 유튜브를 시작했지만 아직 걸음마 단계다. 뭐든지 실패는 없다고 생각한다. 포기하는 순간 실패가 된다. 우리가 성장하면 그것으로 우리는 성공이다. 도전하고 넘어지면 다시 일어서는 것이 우리 인생이다. 아직 안 늦었으니 유튜브에 도전해보자.

여러 번 망설이다가 유튜브를 시작한 나는 1년 안에 구독자 천 명과 4천 시간이 목표다. 그것이 초급자가 목표로 삼을 수 있는 광고가 붙는 최소한의 조건이기 때문이다. 광고보다 중요한 것은 그때까지 가면 8부 능선을 넘는다는 꾸준함의 결실이다. 나는 블로그나 인스타그램뿐만 아니라 유튜브에서도 더 좋은 영상과 컨텐츠로 수익화를 이루고 싶다. 여러분도 매일 업로드하진 못해도 1주일에 1회 이상 양질의 영상을 업로드하며 재미와 수익 두 마리 토끼를 좇는 즐거움을 갖길 바란다. 처음 시작할 때 내가 좋아하거나 잘할 수 있는 컨텐츠 중에서 유튜브 독자에게 정보와 재미를 줄 수 있는 것이 무엇인지 많이 고민해야 한다.

유튜브에서 가장 중요한 점은 나보다 구독자가 먼저라는 것이고 그 흐름을 빨리 알아채 그에 맞는 전략이 필요하다는 것이다.

컨텐츠가 명확해야 하고 시의적절해야 한다. 영상을 아무리 잘 만들어도 대중의 관심이나 재미가 없는 주제는 외면받는 것이 현실이다. 우리가 목표를 향해 긴 선을 따라갈 때 자세히 들여다본 적이 있는가? 결국 계속되는 시행착오와 수정 과정은 자연스럽게 따른다고 생각하면 마음이 좀 편할 것 같다. 시작하지 않는 것이 안타까운 것이지, 계속 시행착오를 하는 것은 당연한 과정이라고 생각한다.

내가 생각하는 유튜브 운영을 좀 더 알아보자. 유튜브는 초반 10~20초가 가장 중요하다고 한다. 그래서 하이라이트 부분을 앞에 넣기도 한다. 궁금증을 유발해 시청자의 관심을 끄는 것이 중요하기 때문이다. 10분 이상이면 광고가 더 붙을 수도 있겠지만 초보자 시절에는 일단 5분가량의 짧은 동영상을 지속적으로 많이 올리는 것이 현명한 방법이다. 초반에 구독자 수를 늘리려면 짧은 동영상 30개는 필수이며 정보 제공이나 공감을 얻을 수 있는 컨텐츠가 필요하다. 구독자가 점점 많아질수록 영상 편집에도 더 신경써야 시청자가 좀 더 신뢰하면서 계속 구독할 가능성이 커진다. 썸네일과 제목 등을 활용해 임팩트 있게 보이면서 영상을 선택하도록 해야 한다.

타 SNS보다 부담도 있고 노력해야 할 부분도 많지만 앞으로 유튜브는 더 성장할 것이 분명하므로 지금부터라도 채널을 만들어 자기만의 색깔로 1인 TV를 해볼 것을 강력히 추천한다. 앞에서도 언급했듯이 나만 재미있어서도 안 되고 내게만 좋은 정보가 되어서도 안 된다는 점을 명심하고 진행한다면 충분히 도전할 만한 것이라고 조심스럽게 생각해본다. 그리고 시청자 수와 구독자 수에 너무 민감할 필요 없이 우직하게 밀고 나가면 좋은 성과가 있을 것이라고 확신한다. 성과보다 더 중요한 것은 과정을 즐기는 것이다.

나도 이런 여러 고민에 휩싸여 좀처럼 시작하기 어려웠지만 막상 시작해보니 구독자 수를 늘리고 싶다는 생각이 많이 들었다. 구독자와 함께 호흡한다는 느낌이 가장 많이 드는 것이 큰 매력이라

채널명	채널 내용	구독자 수	월 수입 추정 최대치(원)
보람튜브 브이로그	일상 이야기, 놀이 영상	2000만 명	23억
보람튜브 토이리뷰	장난감, 키즈카페 리뷰	1400만 명	4억
제이플라뮤직	음악 제작	1360만 명	1억9000만
두두팝 토이	로봇, 자동차 장난감 리뷰	732만 명	1억1400만
정성하	클래식 기타 연주	594만 명	3800만
포니 신드롬	메이크업	531만 명	2700만

자료: 소셜블레이드

[출처: 동아일보, 구독자 많은 유튜브 현황]

고 생각한다. 그리고 초보 시절에는 영상 편집이나 썸네일 등에 너무 스트레스받지 말고 자신이 할 수 있는 한도 내에서 조금씩 발전해나가는 모습을 보이면 된다고 생각한다. 일단 시작하는 것이 중요하다. 그 다음은 진행하면서 고민하면 될 것이다. 시간이 없거나 컨텐츠가 부족하다면 2주일에 1개 영상을 업로드해도 된다. 그 대신 일정한 주기로 업로드하는 것이 중요하다. 유튜버로서 더 빨리 성장하려면 초반에 30개까지 영상을 찍어 어느 정도 갖춰두는 것이 좋을 것 같다. 그러다 보면 그중에 어느 것이 될지는 모르지만 구독자가 많이 보는 대박 영상이 나올 수도 있다. 주식에서도 어느 종목이 인생 대박 종목이 될지 모르듯 유튜브도 마찬가지다. 다만 내 나름대로 최선의 영상을 찍고 그런 기대를 해야 한다는 것을 명심하길 바란다.

우리나라에서 구독자 기준 최고 채널은 '보람 튜브 토이 리뷰'로 2020년 9월 기준 1,380만 명, 동영상 업로드 수 363개, 누적 페이지뷰 36억 회에 이른다. 그리고 우리나라에서 연 1억 원 이상 소득을 올리는 유튜버는 1%라고 한다. 유튜브에 광고가 붙으려면 구독자 천 명과 과거 1년간 시청시간 4천 시간을 충족해야 하는데 결코 만만한 숫자가 아니다. 그러므로 1년 이상 수익에 신경쓰지 않고 묵묵히 꾸준히 해보는 것이 중요하다.

> *** 유튜브 구독자 수를 늘리는 일반적인 방법**
>
> − 가족, 친구 등의 지인에게 적극적으로 홍보한다.
> − 구독자와 공감하며 댓글로 소통한다.
> − 초보 시절에는 많은 영상을 지속적으로 올린다.
> − 나보다 먼저 자리를 잡은 유튜버를 초대하거나 영상을 함께 찍는다.

우리가 지금 살펴보는 SNS 플랫폼은 아직 시작하지 않은 여러분에게는 거리감이 있을 수 있지만 나이가 점점 들수록 재미를 느끼고 수익화가 가능한 방법이다. 고수들은 유튜브 광고 자체보다 유튜브 채널이라는 플랫폼을 발판삼아 추가소득을 많이 올린다고 한다. 유튜브 광고 외에 채널 멤버십, 상품 라이브러리, 슈퍼챗(Super Chat), 유튜브 프리미엄(YouTube Premium), 기업광고(PPL, 기획광고 등)가 그것이다.

시간과 노력을 많이 투자한 유튜브 영상이 사람들의 관심을 받지 못한다면 실망스럽고 포기하고 싶을 것이다. 하지만 그런 걱정보다 꾸준히 나보다 앞서나간 유튜버들을 벤치마킹하며 노력한다면 구독자나 구독시간은 언젠가 빛을 볼 것이다. 누적의 힘이 중요하다. 우리에게 필요한 것은 도전하는 용기와 실행력이다. 그것이 마흔 즈음에 우리가 갖춰야 할 능력 중 하나다. 일반적으로 300~500명을 초급, 천 명 이상을 중급, 만 명 이상을 고급 단계로 볼 때 이 단계의 각 롤모델을 선택해 어떻게 하는지 잘 살펴보라고 고수들은 말한다. 유튜브 채널을 개설할 때 독자가 필요로 하고 내가 잘 알거나 잘할 수 있는 컨텐츠인지 고민해보길 바란다. 일단 컨텐츠가 매우 중요하다. 영상장비는 시작하기도 전부터 고액을 주고 무리해 구입하지 말고 스마트폰과 마이크로 시작하는 것이 좋다. 일단 시작해보고 조금씩 컨텐츠를 변형하면서 발전해 나가는 것을 권한다. 나도 그렇게 진행하고 있다. 전업 유튜버라면 다르겠지만.

> 나는 여러분이 내일 당장 영상을 실행할 수 있길 바라지만 컨텐츠는 고민해봐야 할 테니 일단 채널부터 만들라고 말해주고 싶다.
>
> 1. 구글 계정 만들기
> 2. 유튜브 채널 개설하기
> 3. 채널 아트 넣기
> 4. 프로필 이미지 넣기
> 5. 구독 유도 버튼(워터 마크) 이미지 넣기

이번 주말에 여기까지만 실천해도 절반은 유튜버가 된 것이다. 작은 도전과 실행력의 위대함은 수많은 자기계발서에 나와 있지 않은가. 특히 유튜브는 망설이면 몇 달, 몇 년이 훌쩍 지나간다는 것을 기억하길 바란다. 앞으로는 유튜브를 보기만 하는 소비자가 아닌 생산자가 되길 간절히 바란다. 나도 이 글을 쓰면서 좀 더 분발해 더 나은 컨텐츠를 제공하는 유튜버가 되겠다고 다짐한다.

> **✱ 초보에서 벗어나 구독자 천 명의 유튜버가 되기 위해 알아야 할 내용**
>
> – 일정한 주기로 꾸준히 업로드해야 한다.
> – 구독자와의 의사소통이 중요하다.
> – 내 컨텐츠가 독자에게 얼마나 이익을 주는지 생각해야 한다.
> – 블로그와 인스타그램, 페이스북 등 타 채널과 함께 하면 시너지효과를 거둘 수 있다.
> – 국내 유저는 물론 해외 유저까지 공략하라.

마흔의 힘 한마디!

유튜브 채널을 지금 시작하는 사람이 많지만 반대로 지금 구독하는 수요자도 많다. 따라서 1년 이상 충분한 기간을 갖고 꾸준히 '나만의 TV'를 만들어 간다면 재미와 수익 두 마리 토끼를 잡을 수 있을 것이다. 적금 넣듯이 언제 터질지 모르는 누적의 힘을 믿고 묵묵히 가자!

05

앞으로 더 가속화될 1인 브랜딩 크리에이터 시대

바야흐로 1인 브랜딩 시대가 되어가고 있다. 아니, 더 엄밀히 말해 1인 브랜딩 시대가 되었다. 직장인들이 회사를 위해 열심히 일하는 동안 1인 기업은 엄청 늘었고 자신의 강점을 활용한 브랜딩 시대가 급속히 진행되었다. 다만, 아직도 시계추처럼 성실히 직장생활을 하거나 SNS 등 급속도로 퍼지는 정보망을 잘 접하지 않

[출처: '홍순성 나는 1인 기업가다' 중에서]

은 사람들은 이제야 느꼈을 뿐이다. 나도 이렇게 1인기업이나 책을 쓴 분들이 많은지 몰랐고 그 속도는 점점 빨라지고 있다. 최근 인연이 되어 자기계발 코치나 성공 코치 등의 모임에 가봤는데 놀라울 뿐이었다. 다양한 연령대와 분야에서 많은 분들이 활동 중인 것을 실감했다.

유튜브뿐만 아니라 우리 사회 전반적으로 브랜딩 크리에이터 시대가 가속화되고 있다. 자신의 영향력을 책 집필이나 강의로 시작해 SNS 기반으로 확대시키고 있는 것이다. 최근 1인 스마트스토어(쿠팡, G마켓 등의 다양한 온라인 쇼핑몰)가 언택트 시대를 맞아 폭발적인 인기를 끌고 있다. 시대를 앞서가는 선점 능력을 가진 상위 1%의 능력이 없다면 차순위 10%가 되기 위해 시대 흐름을 빨리 알아채 쫓아가는 순발력이라도 있어야 한다. 자신의 브랜딩을 극대화해야 하는 시대에 살고 있음을 지금이라도 깨달아야 한다.

직장도 마찬가지다. 이제는 어느 소속의 '나'가 아니라 '나 자신의 브랜딩'으로 승부하는 시대다. 과거에는 취업하기도 쉽고 평생직장 개념도 있었지만 지금은 아니다. 그 시점을 전문가들은 1998년 IMF 사태 기준으로 나누는 경우가 많다. 당시는 토요일 근무까지 할 정도로 자기계발을 할 틈이 없던 시절이었다. 내가 입사했던

2004년도 같은 분위기였다. 토요일 점심 때 직원들끼리 식사하고 헤어지는 경우도 많았고 그 이후에도 토요일 오후 시간을 가족이 아닌 선후배 동료들과 일주일의 스트레스를 해소하려는 경우가 많았던 것으로 기억한다. 필자도 토요일 오후에 선배들과 당구를 치거나 술을 마시러 다닌 적도 꽤 많았으니 말이다. 그 이후 주5일 근무제가 도입되고 근무 강도도 서서히 약해지고 신세대가 입사하면서 2차 회식 문화는 거의 사라졌다. 이제 상사가 눈치를 보는 시대가 되었다. 시대는 계속 변한다. 그 흐름을 쫓아가지 못하면 SNS뿐만 아니라 모든 분야에서 뒤처지는 것은 어쩌면 당연하다.

위에서 언급한 20여 년 전 이야기에서 내가 말하고 싶은 핵심은 평생직장, 조직에 충성하는 시대에서 이제 가족 중심, 자유시간, 자기계발 시대가 왔다는 것이다. 이제 자신이 직장인들 속에서 머무는 것이 아니라 자신을 알리고 홍보하는 브랜딩 시대가 되었다. 하지만 한 가지 덧붙이고 싶은 점은 사업이나 프리랜서 활동을 하더라도 직장생활은 반드시 몇 년 이상 경험한 후 브랜딩하라는 것이다. 그 경험이 자신을 브랜딩하는 데 직·간접적인 도움이 될 것이라고 믿는다.

최근 20대 후반이나 30대 초반에 일찌감치 깨달음을 얻거나 컨텐츠를 만들어 자수성가하는 경우를 많이 보았다. 그 연령대는 무엇을 도전해도 좋을 시기라서 잠시 발걸음을 멈추기에는 너무 부러운 청춘이라고 생각한다. 그 시절에는 그냥 좌충우돌 많이 경험하고 받아들이길 바란다. 그리고 그 시간에 자신의 영역을 더 확장하고 경험을 쌓은 후 브랜딩해도 될 것이라는 생각이 잠시 들었다.

누구나 강점은 하나씩 있다. 다만 그것을 빨리 알아차리지 못했을 뿐이라고 한다. 이제 여러분의 차례다. 바야흐로 1인기업, 1인 브랜딩 시대, 크리에이터 시대다. 1인기업 브랜딩이 늘어나는 이유는 코로나의 영향만은 아닌 것 같다. 지금은 20~30대 젊은 층의 일자리뿐만 아니라 전체적으로 안정적인 일자리가 줄고 있고 그런 위기감이 빠른 속도로 1인기업 시대를 만들고 있다. 20년 전 전자상거래가 생소하게 느껴졌듯이 지금도 그런 패러다임의 전환기라고 느껴진다.

아이러니하게도 출판시장은 별로 좋지 않은데 책을 쓰거나 출간하는 작가는 점점 늘어나는 추세라고 한다. 이런 현상으로 볼 때 1인 브랜딩 시대가 성숙기가 되었다고 나는 판단한다. 앞에서 언급했듯이 1998년 IMF 사태를 겪은 후 직장인들은 자신이 소속된 조직에 더 이상 의지하지 않게 되었다. 자발적인 이직과 퇴사가 늘고 경제적 자유를 일찍 얻으려는 움직임을 보면 그 연장선으로 보인다. 최근 몇 년 사이 경제적 자유나 디지털 노마드를 추구하며 조직에서 탈출하면서 조금 덜 벌더라도 자신이 추구하는 일을 하면서 인생을 멋지게 살아가겠다는 인식이 확산된 것이다.

1인 브랜딩 시대의 특징은 대중이 점점 스마트해진다는 것이다. 사실 지금도 엄밀히 말해 우수한 인재의 상당수가 회계사, 변호사, 의사 등 1인 브랜딩 중이라고 볼 수도 있다. 그것이 1인 브랜딩이며 그 기반은 책뿐만 아니라 SNS를 통해 가속화되고 있다고 보면 된다. 자신의 몸값을 높이는 것이 MBA가 아니라 SNS 댓글과의 관계 형성으로 전이되었다는 사실이 놀라울 뿐이다. 그 속에서 경쟁이 치열해지는 것은 물론이고 점점 더 기업의 인재들이 조직에서 나와 개인의 역량을 펼치고 있는 것이 사실이다.

SNS 퍼스널 브랜딩 방법을 좀 더 깊이 살펴보면 다음과 같다. 1인기업 퍼스널 브랜딩은 온라인과 오프라인 두 가지 형태로 나뉜다. 1인기업 온라인 브랜딩은 SNS를 기반으로 자신의 브랜드를 확장시킨다. 블로그, 유튜브, 인스타그램을 통해 자신을 알리고 수익을 추구하는 것이다. 글을 잘 쓰는 사람은 블로그에서 자신의 강점을 선보이고 사진을 잘 찍거나 외모에 자신 있는 사람들은 인스타그램, 영상을 통한 메시지에 강한 사람은 유튜브를 하고 있다. 요즘 들어 네이버 검색도 하지만 유튜브 검색을 통해 더 자세한 영상으로 궁금증을 해결할 만큼 고퀄리티 동영상이 많아진 것이 사실이다. 음식, 뷰티, 패션은 인스타그램이 큰 영향을 미치고 있다. 수십만 명의 팔로워가 있는 인스타그램이 매우 많다. 먹방, 육아, 애견 등 다양한 컨텐츠의 유튜브는 재미까지 주고 있다. 온라인 마케팅의 핵심은 자신이 추구하는 브랜딩과 어떤 SNS가 잘 어울리는지 파악하는 데서 출발해 타 SNS까지 확장해 자신의 브랜딩 파워를 극대화하는 로드맵이라고 판단된다. 앞에서 언급한 플랫폼들을 우리가 잘 활용한다면 충분한 시간적 자유를 만끽하며 온라인 1인 브랜딩의 주인공이 될 수 있을 것이다.

그럼 오프라인 1인 브랜딩은 어떨까? 오프라인 마케팅을 좀 더 성공적으로 하려면 책 집필이 필수라고 생각한다. 어떤 카페에 갔는데 카페 사장이 커피 관련 책을 쓴 사람이라면 신뢰가 가지 않겠는가! 1인기업을 하려면 책 한 권 정도는 낼 컨텐츠는 분명히 있어야 하고 그것을 기반으로 자신의 역량을 펼칠 수 있어야 브랜딩 확장이 가능할 것이다.

몇 년 전에 읽은 조성민 작가의 〈작은 가게 성공 매뉴얼〉에서 1인기업은 단순히 판매뿐만 아니라 지식을 활용해 수익으로 연결한다는 것을 느꼈다. 대전에서 작은 카페를 운영하는데 종이컵에 이름을 새기고 유리창에 우수고객의 이름을 적는 것은 지금 생각해도 참 인상적이고 흥미롭다. 브랜딩을 위한 책 집필이 엄두가 나지 않는다면 일단 글쓰기부터 매일 5문장씩 시작해보자. 사실 나는 이런 글쓰기 실력을 키우고 나서 책을 쓴 것은 아니다. 하지만 그 과정을 거친 후 책을 쓴다면 더 쉽고 기본기가 탄탄해질 것 같다고 생각한다. 그것을 소위 '필력'이라고 부른다.

책 쓰기는 글쓰기와 다르지만 글쓰기 실력을 기본적으로 갖추고 책을 쓰면 훨씬 효율적인 책 쓰기가 될 것이라고 확신한다. 한마디로 책 쓰기는 독서와 글쓰기가 합쳐진 작품이다. 그에 추가해 컨텐츠 브랜딩 능력까지 갖춘 것이다. 결론적으로 오프라인 측면에서 보면 1인 브랜딩으로서 이보다 더 효과적인 홍보수단도 없다고 생각한다. 지금부터 어떤 컨텐츠의 책을 써서 나를 어떻게 증명할지 고민해보라!

첫 번째 책을 출간하는 것이 어렵다고 말한다. 출판사 입장에서는 매력적이고 확실한 컨텐츠이거나 유명인이 아니면 수익을 기대하기 어렵기 때문에 초보 작가를 선호하지 않는 것이다. 사실 유명 연예인이나 블로그, 유튜브 구독자가 많은 사람이라면 출판사가 먼저 손을 내미는 경우가 많은 것이 최근 현실이다. 신사임당이나 김 작가 같은 유튜버도 연예인 못잖은 인기와 영향력 덕분에 책을 출간할 수 있었다. 그러니 아직 유명하지 않더라도 브랜딩 책 쓰기에 도전해야 한다.

4차산업혁명 시대에는 1인기업 특히 1인 SNS에 기초한 브랜딩이 많아질 것이다. 그야말로 무자본 창업이라고 보면 된다. 앞에서 언급했듯이 카페 사장님도 더 이상 동네 손님들만 기다리지 말고 창의적인 아이디어와 책 쓰기, SNS 홍보 등을 당장 내일부터 시작해야 한다. 그것이 4차산업혁명 시대가 나아가는 방향 아닌가!

최근 재미있는 예를 발견했다. 언택트 시대가 되다 보니 1인기업 강사들이 처음에는 강의를 할 수 없어 멘붕에 빠졌다. 사람을 못 만나게 하니 강남 강의장들이 썰렁해지고 강사들의 돈벌이도 갑자기 힘들어졌다. 하지만 위기가 기회가 된 것일까? 단톡방이나 카페 등을 활용해 자신을 브랜딩하고 어필하기 위해 강사들끼리 적극적으로 협업하다 보니 위기 돌파는 물론 온라인 강의로 훨씬 더 많은 수익을 챙기게 되었다. 여러분도 위기는 항상 기회가 된다는 사실을 명심하고 긍정의 힘으로 현재의 난관을 극복하길 바란다.

SNS는 1인기업 지망생들에게 가장 강력한 무기가 되고 있고 앞으로도 그럴 것이다. 어쩌면 SNS나 책을 통한 영역 확대는 1인기업의 분야를 떠나 최고의 가치증명서인 것이다. 2020년부터 우리나라는 코로나로 대변화를 겪고 있다. 이런 현상은 앞으로도 코로나가 아닌 다른 형태로라도 언택트 추세가 계속 확산되는 분위기가 될 것이다. 몇 년 더 앞당겼을 뿐 시대가 다른 방향으로 가고 있는 것은 아니라고 본다. 우리가 해야 할 일은 내일 당장 블로그, 인스타그램, 유튜브 채널을 하나씩 만들어 차근차근 실행하는 것이다. 책으로까지 확장하기는 어렵더라도 이런 SNS들은 조금만 노력하면 나를 브랜딩할 수 있는 고급스러운 수단임을 한 번 더 기억하길 바란다. 이제 플랫폼 제국의 시대, 1인 브랜딩 시대를 살아가려면 자신의 언택트 확장 능력이 필수 과제임을 인식하길 바란다.

＊ 내가 생각하는 1인기업 SNS 마케팅

- 적극적인 도전정신으로 알려야 한다.
- 자신의 신뢰도가 중요하다.
- 고객과의 소통이 중요하다.
- 고객의 니즈를 지속적으로 파악해야 한다.
- 고객 정보 파악이 중요하다.

마흔의 힘 한마디!

자신을 브랜딩하는 것은 조직생활에서나 1인 기업가 모두에게 필요하다. 회사가 우리를 영원히 책임져줄 수 없다는 사실을 명심하라! SNS나 책 쓰기를 통해 자신을 브랜딩해 앞으로 전진하길 바란다. 회사 직원도 자신을 증명할 브랜딩이 필요하다.

2장

부동산을 모르면 금수저 되기 어렵다

[자산을 키우는 능력]

01
레버리지를 최대한 이용하라

최근 많이 언급되는 레버리지 투자는 부채에 근거한 일반적인 자산투자 방법의 하나가 되었다. 레버리지 투자는 은행대출이나 전세자금 등 타인의 돈으로 투자하는 것이 특징이다. 타인 자본을 이용해 수익이 발생하는 것을 '정의 레버리지 효과'라고 부르고 손실이 발생하는 것을 '부의 레버리지 효과'라고 부른다.

만약 어떤 투자에서 차입비용을 지불하고도 수익이 남는다고 판단한다면 금융권 대출이나 지인에게서 빌려 추가 자금을 마련해서라도 자산을 매입할 것이다. 긍정적인 의미에서의 부채에 근거한 투자다. 하지만 이 원리를 알고 있음에도 불구하고 실행하지 않는 경우가 많다. 미래를 예측하기 어려워 보수적으로 접근하거나 결단력이 부족하기 때문이다.

예를 들어, 5천만 원을 투자해 500만 원 수익을 올릴 수 있다고 가정해보자. 추가로 5천만 원의 레버리지를 활용해 1억 원을 부동산에 투자한다고 가정했을 때 이자가 최대 5%인 경우, 1년에 250만 원의 이자 비용을 지불하게 된다. 이런 경우 당연히 레버리지에 대한 이자 비용은 1년 250만 원 대비 2배인 500만 원의 수익이 발생하므로 실행해야 한다. 이렇게 레버리지는 자본주의 사회에서 잘 활용해야 하는 선의 무기이지 악의 무기가 아니라는 것을 알려주고 싶다.

물론 레버리지를 자신이 부담하기 힘들 만큼 과도하게 활용해 부동산을 쇼핑하듯 사들이는 것은 바람직하지 않다고 필자는 생각한다. 레버리지를 활용하는 것은 좋지만 그 이자나 원금에 대한 리스크를 고려하지 않고 무리해 활용하면 경제적 위기를 겪을 수 있기 때문이다. 신용불량자로의 전락 등 사회적 부작용도 발생한다.

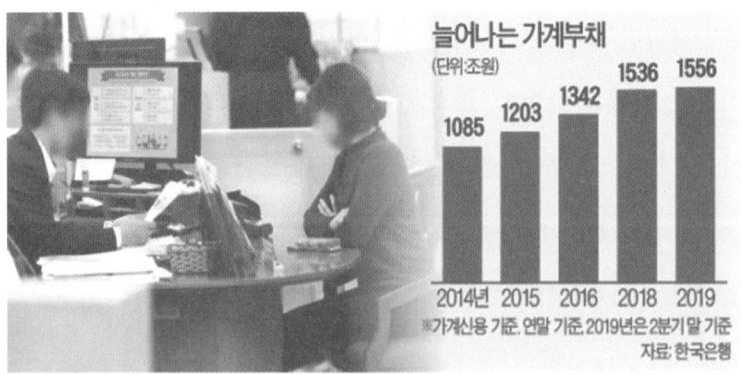

[출처: 한국경제신문, 늘어나는 가계부채]

1부. 부채사회, 당신의 빚은 얼마입니까?
2부. 빚의 역습, 당신의 빚은 안녕하십니까?
3부. 미래의 빚, 우리는 어떤 빚을 원하는가?

[출처: EBS 다큐 프라임 '빛']

몇 년 전 방영된 이 프로그램의 제목을 처음 보고 조금 놀랐다. 교육프로그램 채널에서 빚이라는 주제를 방영하는 것이 신선하고 충격적이었기 때문이다. 이제 우리 사회가 레버리지를 전면에 내세울 만큼 열린 시선으로 긍정적인 면과 부정적인 면을 바라본다고 느껴졌다. 사실 우리 사회의 중·장년층 세대는 자본주의나 레버리지라는 용어를 부정적으로 생각하는 경향이 많았다. 하지만 최근 '밀레니얼 세대'로 불리는 2030은 너무나 당연한 이 자본주의 논리를 현실에 적용해 스마트하게 좋은 성과를 내는 경우가 많아졌다. 물론 지나친 대출은 우려스러운 면도 당연히 존재한다. 너무 심하면 안 좋지만 적당한 레버리지의 이용은 내 집 마련이나 자산 증식에 도움이 된다는 것은 분명한 사실이다.

우리는 부동산을 모르면 안 되는 시대에 살고 있다. 그러나 투자자금이 없으면 당장 내 집을 마련할 방법이 없다. 종잣돈을 모으기에는 5년, 10년이 훌쩍 지나가버리므로 은행뿐만 아니라 부모님, 친척, 친구 등의 레버리지를 최대한 활용해야 하는 것이다. 우리는 자산을 늘리기 위해 때에 따라 빚을 이용하는 것을 긍정적으로 생각하고 받아들여야 한다. 과거 세대처럼 빚을 지면 큰일나는 것처럼 생각한다면 자산을 절대로 늘리기 어려운 시대가 되었다.

레버리지는 학자금 대출, 결혼자금, 사업자금 등 빚의 개념으로 우리를 힘들게 할 수도 있지만 잘 활용한다면 더 큰 가치에 투자할 기회가 될 수 있다. 레버리지를 이용하는 이유는 다르지만 한 가지 분명한 목적은 더 나은 수익과 가치 창출이다. 학자금 대출을 받아 대학을 졸업하고 취업했을 때 고등학교를 졸업한 경우보다 더 많은 급여를 받는다면 레버리지는 당연히 가치가 있다. 중요한 것은 지금 당신의 빚 규모가 아니라 감당할 수 있는 레버리지를 활용하고 있느냐 여부다. 그 기대가치와 수익을 한 번 더 점검해보고 앞으로도 레버리지를 적절히 활용하길 바란다.

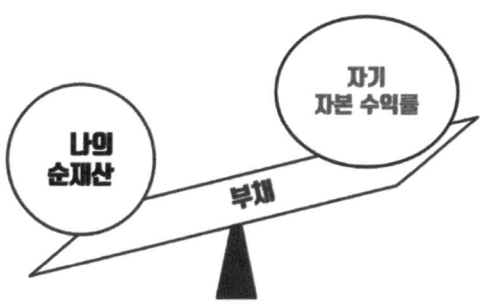

> **마흔의 힘 한마디!**

레버리지는 자본주의의 기본 원리 중 하나로 받아들이면 좋을 것 같다. 하지만 과도한 레버리지보다 자신이 감당할 수 있는 범위 내에서 활용하는 지혜를 발휘하라고 권하고 싶다. 적절한 레버리지로 부동산 자산을 늘려보자.

02
마흔, 부동산을 왜 지금에서야 알았을까?

　내가 부동산 투자를 알게 된 것은 약 4년 전이다. 2017년 내가 살던 지역은 분양권 열기로 뜨거웠다. 물론 관심 있는 사람들만 그런 것일 수도 있다. 사실 그때까지만 해도 부동산이나 재테크에 관심이 많던 분들은 청약에 관심이 있었지만 다른 분들은 별로 신경도 안 쓰는 분위기였다. 돌이켜보면 그 당시 미래를 예측하고 선점해 투자한 투자자들은 지금 자산가가 되어 있다. 이렇게 과거를 되돌아보면 그 안에서 관심을 갖고 공부한 사람들이 부를 이룬다는 것을 알 수 있다. 최근 몇 년은 대세상승장을 주도한 사람들은 분석과 예측으로 미래를 밝게 보고 투자를 지속해온 시기였다. 뭐든지 시대 흐름을 읽을 줄 알아야 한다. 조금 늦었더라도 그 이후에도 관심을 가지고 투자를 실천했다면 대부분 큰 수익을 냈을 것이기 때문이다.

　반면, 당시 집값이 떨어질 것으로 판단해 전세를 갈망하거나 투자에 소극적이었던 분들은 지금 어떻게 되었을까? 아마도 전세난이나 빈부격차를 겪으며 한숨짓고 있을 거라는 생각에 안타까운 마음이 든다. 필자는 부동산 가격은 적정가격을 유지해야 한다고 생각한다. 그러나 최소한 내가 살 집 한 채 이상은 갖기 위해 노력해야 한다는 말을 하고 싶다. 부동산의 역사는 되풀이될 것이다. 이제 부동산은 누가 먼저 관심을 갖고 흐름을 파악해 내 집을 마련하고 부를 축적하느냐 싸움이다. 이것은 대한민국에서 평균 이상의 중산층으로 살아갈 수 있을지 생존의 문제일 수도 있다. 나는 돈을 좇으라고 말하고 싶지는 않다. 그렇게 생각하지도 않는다. 자신도 모르게 삶이 너무 무미건조해질 수 있기 때문이다. 하지만 최소한 내가 살아갈 편안한 집 한 채 이상을 마련해야 하지 않을까!

우리는 항상 평균 이상으로 살기 위해 노력해야 한다. 그리고 그중 대표적인 자산증식의 수단이 부동산임을 명확한 사실로 받아들여야 한다. 그것은 누구도 부정할 수 없다고 생각한다. 남들이 실거주 분양, 시세차익, 월세 수입 등을 얻으면 집값이 떨어지길 바라는 질투와 시기심을 가질 것이 아니라 자신이 꾸준히 관심을 갖고 자신의 실력을 갖추어야 한다는 것을 명심하고 계속 도전해야 한다.

사실 지난 2014년 무렵 정부에서까지 경기부양을 위해 "대출받아서라도 내 집을 마련하기에 적기다"라는 발언을 공식적으로 했는데 이후 부동산으로 인한 부의 격차가 꾸준히 벌어져 현재는 훨씬 심해진 상태다. 당시 정부의 말대로 과감히 대출받아 여러 채 집을 산 사람들은 부자가 되었고 대출받으면 큰일난다고 생각하며 몸을 사린 사람들은 지금 십중팔구 부의 수준이 평균을 유지하거나 그 이하로 떨어졌을 것이다.

정부	문재인 정부					박근혜 정부				
기간	집권 기간 상승률	2020년 7월	2019년 1월	2018년 1월	2017년 5월	집권 기간 상승률	2017년 3월	2016년 1월	2015년 1월	2014년 1월	2013년 2월
서울	53.03%	92,787	84,025	70,500	60,635	28.73%	59,916	54,081	48,039	46,974	46,545
경기	25.98%	39,354	34,684	32,476	31,238	24.66%	31,124	29,959	26,939	25,961	24,967
서울-경기 가격격차	27.05%	53,433	49,341	38,024	29,396	4.07%	28,792	24,122	21,099	21,013	21,578

*중위가격은 주택가격을 순서대로 나열했을 때 중앙에 위치하는 가격을 의미

[출처: KB부동산,경제만랩, 최근 8년 아파트 매매 중위가격]

내가 바라보는 관점에서 2015~2020년은 완전한 대세 상승기였다. 이때는 시장이 무르익었음에도 불구하고 수요와 공급의 심각한 불균형과 돈이 돈을 버는 유동자금으로 인해 전국적인 갭투자와 분양권 투자가 대세였다. 임대사업자와 법인투자자도 한몫했

다. 대출규제 없이 마음껏 대출받던 시기에서 장기보유 특별공제를 활용한 다주택 월세 투자로 변하더니 이후에는 법인투자로 세금을 감면받는 투자가 최근까지도 이어진 것이 사실이다. 정부는 2017년 6.19대책과 8.2대책을 통한 조정대상지역, 투기과열지역 지정 및 대출규제부터 2020년 7.10 다주택자 규제대책 등으로 집값 안정을 위해 지속적인 노력을 기울이고 있지만 근본 원인인 공급 부족을 해결하지 않은 채 대책을 세우다 보니 미봉책에 그쳤다는 것을 그동안의 사례에서 알 수 있었다. 참고로 역대 정부의 부동산 시장은 다음과 같이 흘러왔다.

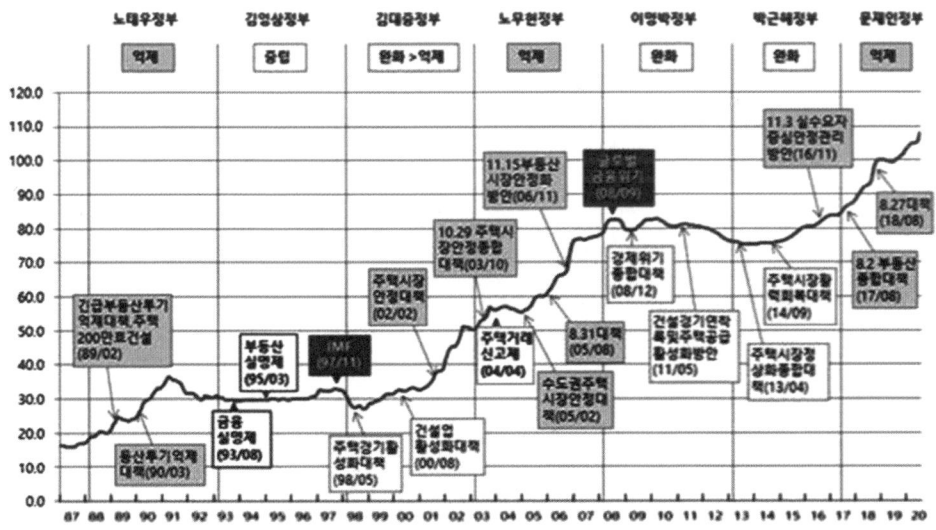

[출처: 프레시안 뉴스, 서울 아파트 가격 변화와 역대 정부의 부동산 정책과 아파트 매매가격 지수 ⓒ 자료: KB국민은행]

나도 2017년 부동산 투자경험 관련 책과 경매 관련 강의를 듣고 내 집 마련과 투자를 생각했다. 어떤 분야의 책을 읽을 때 멘토가 될 만한 인물의 흥미로운 성공 스토리를 먼저 읽어보라고 권하고 싶다. 그 후 하나씩 분야를 넓혀 깊이를 더해 공부해 나가는 것이 좋다고 생각한다. 내 경험상 부동산 책도 흥미가 있어야 부드럽게 읽기 시작할 수 있고 너 알고 싶나는 생각이 들었나. 그런 후 범위를 넓혀가면 이해하기 쉽다.

그동안 대표적인 부동산 재테크 수단은 경매였다. 경매는 불황기에 더 효율적인 투자처로 시세보다 10~20% 이상 싸게 사서 다시 매도하므로 빠른 시간 안에 시세차익을 거둘 수 있다. 물론 호황기에는 경매 입찰 열기가 뜨거워 시세가 100% 이상으로 낙찰받는 경우가 많지만 그 시기에는 주위 시세가 높아지는 경향 때문에 실제로 매도할 때는 경매 낙찰가 이상의 시세차익이 발생한다. 사실 경매일은 평일이라서 직장인이나 시간이 없는 분들은 대

[경매 절차]

1. 경매 신청
↓
2. 경매 개시 결정
↓
3. 경매 기입 등기, 압류
↓
4. 매각 준비 절차
↓
5. 매각 물건 명세서 작성
↓
6. 매각 기일, 매각 입찰
↓
7. 매각 허가 결정
↓
8. 확정
↓
9. 잔금 납부
↓
10. 배당 기일

리인을 통하거나 휴가를 내야 하는 어려움이 있다. 그러나 부동산 분야 중에서 경매는 특히 불황기에 싸게 사는 효과적인 방법이므로 반드시 배워두어야 한다.

[공매와 경매의 차이]

구분	공매	경매
법적 성격	체납세액을 징수하기 위한 공법상 행정처분(국세징수법)	개인간의 채권·채무를 국가공권력이 개입, 정리(민사집행법)
입찰 방식	온비드를 이용한 인터넷 입찰	법원에서의 현장 입찰
유찰 시 매각 예정가	예정가의 10%씩 하락 (50% 아래로 내릴 수 없음)	예정가의 20~30%씩 하락
배당요구 종기일	초기 입찰기일 전	첫 매각기일 전
권리분석의 책임 소재	캠코(단, 압류부동산의 경우, 낙찰자가 철저히 조사해야 함)	낙찰자
대금납부 방법	낙찰허가 결정 후 30~40일 이내 일시불로 납부	1천만 원 미만: 매각결정일로부터 7일 이내 1천만 원 이상: 매각결정일로부터 60일 이내
항고 여부	불가	이해관계자가 낙찰대금 중 10%를 공탁하면 매각결과에 항고 가능
낙찰부동산의 점유가능 시기	대금의 1/3 이상 선납한 경우, 소유권 이전 전이라도 입주 및 사용 가능	대금 완납 후
재입찰 여부	가능	불가
명도 방법	법원의 인도명령제도	명도소송

사람들이 가장 많이 하는 두 번째 투자처는 아파트 레버리지 갭투자다. 아파트는 수익 측면에서 빌라, 다세대, 오피스텔보다 안정적인 투자처여서 선호된다. 이것도 전세 투자로 시세차익을 얻

거나 월세 투자로 매월 월세를 받는 두 가지 방법으로 나뉜다. 한때 대출이 잘되던 시절에는 월세 투자를 많이 해 부동산 월세로 자산을 늘린 경우가 많았다. 이후 대출규제가 조금씩 강화되다 보니 전세금 레버리지를 이용할 수 있는 전세 투자를 많이 하는 흐름으로 이어졌다. 임대사업자 등록이나 법인 투자 등도 이 대세 상승기에 유행처럼 번져 직상을 안 나녀도 될 만큼 부를 축적한 사람들이 많이 나타나기도 했다.

[전세 투자와 월세 투자의 차이]

구분	전세 레버리지	월세 레버리지	
매수가격(a)	3억 원	3억 원	
현재 가격[2년 후] (b)	3억 3천만 원	3억 3천만 원	최소 10% 상승
시세차익(b-a)	3천만 원	3천만 원	
전세가(c)	2억 4천만 원	2억 4천만 원	
월세(d)		960만 원	2억 원, 40만 원 → 1억 원, 40만 원
투자금(a-c)	6천만 원	2억 6천만 원	
투자수익(b-a+d)	3천만 원	3,960만 원	
투자수익률	50.00%	14.90%	

※ 전세보증금 2억 원을 월세로 전환할 때[전·월세 전환률 2.5%일 때]
　전·월세 전환률 4%일 때 2억 원×2.5% ÷ 12개월 = 41만 6천 원

세 번째 투자처는 재개발, 재건축 투자다. 재개발보다는 재건축이 실제로 접근하기 쉽다. 그 이유는 재개발은 워낙 많은 세대의 이해관계가 달라 동의와 이주 합의를 이루기 어려워 추진 시기도

당연히 매우 유동적이기 때문이다. 재건축은 민간부문의 수요·공급에 대한 이해관계의 성격이 강하며 새 아파트에 대한 수요와 가치가 있다고 판단되면 동의하는 경우가 많아 좀 더 빨리 추진되는 경향이 있다. 하지만 재건축에 투자할 때는 안전진단 등 여러 요건을 갖춰야 하는 시기가 있으니 시기를 잘 판단해야 한다.

[리모델링 VS 재건축 VS 재개발]

구분	리모델링	재건축	재개발
정의	낡고 불편한 건축물을 증축, 개축, 대수선해 건축물의 경제적 가치를 높이는 것	기존 낡은 주거공간을 허물고 그 대지 위에 주택을 다시 짓는 것	재개발 구역 안에서 도시기능을 회복하기 위해 주택뿐만 아니라 도시경관을 재정비하는 것
조합구성원	건물소유주	토지 등의 소유자 중 재건축사업에 동의한 자	토지 등의 소유자
근거 법령	주택법, 건축법	도시 및 주거환경정비법	도시 및 주거환경정비법
시행 주체	리모델링주택조합	재건축조합	재건축조합, 지자체, 토지주택공사 등

네 번째는 분양권 투자다. 기본적으로 청약은 일정 요건을 갖춘 신청자가 1순위, 2순위에 따라 새로 공급되는 물량을 신청하는 것이고 분양권 투자는 당첨자 발표 후 전매 가능한 단지에 대한 실수요와 투자수요에 대한 거래다. 미래가치를 보고 투자하다 보니 시장 흐름이나 주변 아파트 시세에 따라 프리미엄 변동이 심하다.

최근 몇 년 동안 상승장이 되다 보니 처음에는 수천만 원 프리미엄이었다가 입주 시기가 되면 수억 원의 프리미엄이 붙는 경우가 많아지는 것이 현실이다.

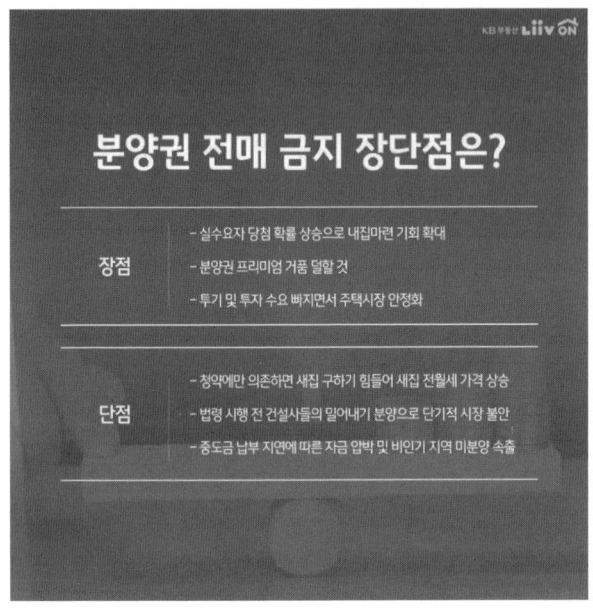

[출처: KB 부동산 리브온, 분양권 전매 금지 장단점]

나도 예전에 여러 부동산 관련 책들 위주로 내용을 습득할 때마다 "왜 이제야 이걸 알았을까?" 반성과 탄식만 할 뿐이었다. 어떤 분야든 선점하는 사람들은 앞서나가는 분석력과 판단력을 가진 사람들이다. 그 선점 대열에 끼지 못했다면 늦더라도 이것을 깨닫고 공부해야 한다. 지금도 늦지 않았으며 언젠가 기회는 다시 온다. 노력하지 않고 운만으로 부자가 될 수는 없다. 나처럼 30대에 바쁜 일상에 쫓겨 자세히 몰랐다면 지금이라도 관심을 갖고 꾸준히 공부하길 바란다.

혹자는 "잘 몰라서, 돈이 없어서 투자를 못 한다."라고 말한다. 이런 생각을 가진 사람은 결국 준비하지 않는다. 준비된 자만 기회가 왔을 때 잡을 수 있다는 것을 다시 한 번 깨닫고 지금이라도 실천하길 바란다. 누군가가 알려주길 기다리는 것은 정말 어리석은 행동이다. 자신의 소중한 자산투자를 남의 말을 듣고 결정할 것인가! 모든 답은 내 안에 있다. 나도 30대 때 시간을 좀 더 쪼개 자기계발을 하지 못한 것을 후회했지만 거기서 그치지 않고 지금부터라도 시작하자는 마음으로 시작했다. 지금도 내 집 마련을 위한 실거주와 자산증식을 위한 투자 기회는 있으니 공부하고 준비해야 한다.

앞으로 부동산에 기회가 계속 있다고 생각하는 근거는 다음과 같다. 첫째, 부동산에는 사이클이 존재해 상승과 하락이 늘 반복해 왔다. 둘째, 불황기에도 교통 호재나 입주 여건에 따라 가격이 상승하는 아파트가 있다. 셋째, 경매처럼 싸게 살 방법이나 저평가된 아파트가 있다.

부동산 사이클로 살펴보면 다음과 같다.

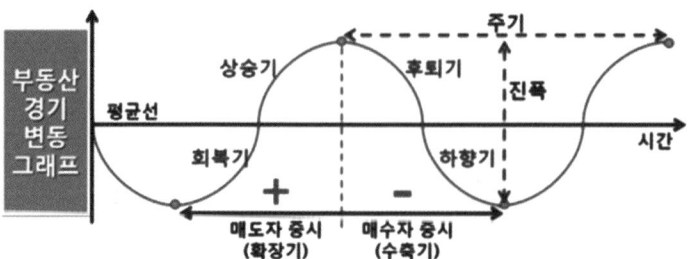

※ [부동산 경기 변동 그래프]

전세 투자, 재건축, 재개발 모두 상승 흐름이 나와야 실수요나 투자에 성공하는 것은 당연하다. 하지만 우리가 마흔 이후의 삶을 사는 데 필요한 공부라고 생각하고 일희일비하지 않으며 노력하고 준비한다면 내 집 마련과 자산증식의 기회는 반드시 찾아올 것이다.

마흔의 힘 한마디!

마흔 이후의 삶을 살 때 부동산 자산가치의 현재 상태를 파악해 그에 맞는 대책을 세워두어야 한다. 늦었다고 생각되면 지금 당장 서점에 가 부동산 책 10권을 사서 읽어라. 재미가 붙으면 범위를 조금씩 넓혀가면 된다.

03

부동산 투자에도 과목이 많다

    부동산은 우리 삶과 밀접한 관련이 있다. 의식주 중 하나 아닌가! 처음에 필자는 부동산에 과목이 이렇게 많은 줄 몰랐다. 가장 많이 한다는 레버리지 투자(전·월세 투자)와 경매 정도만 생각했다. 그 방법이 사실 많은 부분을 차지하지만 세부적으로 들어가면 청약, 분양권 투자, 재건축, 재개발 투자 등으로 나뉜다. 그리고 이 분야를 다 알고 있으면 시장 상황에 대처하기 쉬울 것이다.

    우리가 인생을 살아가면서 잘하는 것과 좋아하는 것이 많을수록 선택의 폭이 넓어지는 것과 같은 원리로 보면 될 것이다. 물론 깊이 안다면 더 좋겠지만 최소한의 지식만 있다면 시장참여자로서 지금 당장이 아니더라도 우위를 점할 수 있다. 1차적으로는 똘똘한 집 한 채와 같은 실수요, 2차적으로는 추가적인 장·단기 투자에 큰 도움이 될 것이다. 결국 아는 만큼 수익은 따라오며 자산은 증식된다.

우리나라 사람들 대부분은 아파트에 거주하고 있다. 자신의 상황에 따라 다를 수 있겠지만 부동산 투자 방법의 대부분이 아파트에 집중되어 왔다. 사실 빌라 경매나 재개발 빌라, 오피스텔 월세 투자 등도 있지만 수익성이 떨어지거나 좀 더 복잡한 것이 사실이다. 한 번에 모든 것을 알 수 없듯이 처음부터 차근차근 알아가는 것이 조금씩 부를 축석하는 네 도움이 될 것이라고 필자는 생각한다.

나는 기본적으로 4년 이상의 실거주와 투자를 추구하는 나름의 실거주와 가치투자가 좋다고 생각한다. 부동산은 좋은 아파트나 저평가된 아파트를 길게 보고 시간에 투자하는 것이 현명하다고 필자는 생각하므로 1~2년 안에 되파는 단기투자는 추천하지 않는다. 다만, 전제조건이 있다. 입지가 좋거나 교통 호재가 있는 지역을 선택해 실거주하거나 투자해야 하며 그 내재가치에 비해 저평가된 부동산을 매수하는 것이 기본 원칙일 것이다.

그렇다면 어떤 입지가 좋은 부동산 입지일까? 가장 중요한 입지는 수도권의 경우, 직주근접이라고 생각한다. 고소득 직장이 많을수록 자금 여력이 있으며 이것은 구매력과도 직접 연결된다. 아무리 좋은 아파트를 짓더라도 구매력이 없다면 결국 그 가치는 기대만큼의 빛을 못 볼 것이다. 서울 강남 3구가 그렇고 '마용성'으로

[부동산 실거주 및 투자 방법]

실거주 및 투자 방법	설명
전세 레버리지 투자	비교적 소액의 가용자금과 세입자 전세금을 통한 투자 방법으로 저평가된 아파트를 통해 시세차익을 거둘 수 있다.
월세 레버리지 투자	중간 이상의 가용자금으로 월세의 현금 흐름을 마련한다. 월세 현금 흐름과 시세차익이라는 두 마리 토끼를 잡을 수 있다. 수익률은 전세보다 낮지만 현금 흐름의 장점이 있다.
청약 당첨	신혼부부 등의 특별 공급과 해당 지역 1순위 등으로 청약을 통한 실거주 아파트 마련이 가능하다. 경쟁률이 높으므로 잘 선택해 실거주의 경우, 입지가 좋은 아파트를 지원하고 투자의 경우, 틈새시장을 공략한다.
분양권 취득 및 투자	분양권 전매제도의 합법적인 범위 내에서 실거주 취득과 단기 투자가 가능하다. 전매금지 지역 등을 잘 살펴보고 투자해야 한다.
재건축, 리모델링 투자	재건축과 리모델링 사업추진 속도의 적절한 타이밍을 맞추어 실거주 및 투자를 해야 한다. 너무 일찍 들어가면 구축 아파트에서 기다리는 기간이 길어지고 늦게 들어가면 매수가격의 메리트가 줄어든다.
재개발 빌라 투자	재개발에 대한 복잡한 절차와 오랜 시간의 특성을 감안한 소액 투자가 가능하다. 타이밍이 잘 맞아 떨어지면 1+1 등의 큰 수익을 얻을 수 있다.
경매·공매를 통한 입찰	부동산 투자의 기본 패턴으로 공부해두어야 한다. 불황기에도 입찰을 통해 좋은 물건을 취득해 실거주할 수 있다. 경매 참여와 입찰가 산정에 어려움이 있다.

불리는 마포, 용산, 성동구가 대표적이다. 강남구 일대의 오피스뿐만 아니라 마곡지구나 상암 등도 대기업 이주 수요 등으로 구매력이 높다는 점을 다시 한 번 되새겨보아야 한다. 지방은 기업 밀집지역과 주거지가 분리된 경우가 많다. 지방 광역시나 중소도시의 경우, 출·퇴근 거리가 멀지 않아 가능한 것이다.

다음으로 교통 호재가 있어야 한다. 지하철 9호선부터 5호선 연장, 신분당선 노선 등으로 일대 부동산 가격이 상승했던 것을 기억해야 한다. 현재도 수도권에서는 지하철 노선이 계속 연장되고 있다. 그 지점을 잘 파악하고 내가 사는 주변부터 고민해봐야 한다. 서울이 아니더라도 수도권의 경우, 남양주 별내선이나 여주 경강선 등의 호재는 해당 지역의 교통여건을 개선해 사람들을 끌어모은다. 그것은 부동산 가치 증가에 큰 역할을 한다. 아직도 시간이 많이 남은 GTX 노선이 발표되고 수정될 때마다 의정부, 수원, 인천 등의 부동산 시세가 들썩이는 것을 보면 교통 호재에 대한 기대감을 알 수 있다.

세 번째로 살펴보아야 할 것은 학군이다. 수도권에서는 강남, 목동, 분당, 평촌 등이 대표적이다. 학교와 학원 여건이 우수해 전·월세 수요도 많다. 하지만 수도권에서 이 지역 등을 제외한다면 일반적으로 직주근접이나 교통 호재가 먼저다. 학군이 좋은 지역들은 오래 전부터 이미 그 가치가 반영되어 오고 있기 때문이다. 지방의 경우, 대구 수성구, 부산 해운대구, 동래구, 대전 서구 등이 대표적인 학군 선호지역으로 꼽는다. 지금까지도 그랬고 앞으로도 이 3가지가 가장 중요한 입지요소인 것은 분명해 보인다.

산이나 공원 등의 자연환경 프리미엄과 마트나 스타벅스 등의 문화적 입지도 추가되면 더 좋다. 자연환경, 문화센터 등까지 갖춘 지역들은 지금 당장은 살 수 없는 한강 주변 아파트이거나 과천, 분당 등의 도시가 대표적이다. 우리가 실거주나 투자를 위해 선택한다면 5가지 중 나에게 더 중요한 3가지 이상을 만족하고 있는지 살펴봐야 할 것이다.

부동산의 역사는 꾸준히 이어지고 있으니 지금 당장의 규제에 일희일비하지 말고 공부해 대응하길 바란다. 배움에는 끝이 없다고 했다. 나도 그것을 실감한다. 늦게 안 것을 후회할 시간에 책 한 페이지라도 더 읽는 것이 효과적이라는 것을 깨닫길 바란다. 관심과 노력이 부족해 지금에야 알게 되었다고 받아들이는 것이 정신건강에 훨씬 좋으며 지금부터라도 시작하면 된다. 기회는 항상 준비된 자에게 다시 찾아온다.

과거의 아파트 가격에 집착하지 말고 현재 위치에서 미래가치를 잘 내다보길 바란다. 전 지역의 아파트가 미래가치가 있다면 좋겠지만 입지에 따른 차이는 분명히 존재한다. 그러므로 상승장이든 조정장이든 입지 여건이 좋은 아파트와 타이밍을 잘 잡는 것이 중요하다. 이것은 하루아침에 될 수 없고 자신이 분석할 수 있는 최소한의 노력은 해야 한다고 생각한다.

우리가 실행할 때 남의 말만 듣고 한다면 바람직하지 않다. 책임을 떠나 비용이 들며 돈을 벌더라도 자기 것이 안 된다. 실제로 공부하고 강의를 듣고 실전 경험을 통해 실거주 이사와 투자도 해보면서 자기 것으로 만드는 것이 더 가치 있다고 생각한다. 그래야만 내가 책이나 강의를 들어도 내 것이 되고 내가 판단하며 비판적으로 시장에 참여할 수 있을 것이다. 물고기를 빨리 먹기보다 잡는 법부터 배워야 한다. 돈만 벌면 되지 않느냐고? 이 책을 읽는 독자는 그런 삶보다 주도적인 삶을 살기 위해 노력하길 바란다.

아파트 투자에 필요한 손품, 발품 등의 시간 투자와 노력이 당신을 하이에나가 아닌 사자로 만들어줄 것이라고 믿는다. 알면 알수록 지식이 쌓이고 자산도 늘어나지만 모르면 남의 말에만 의존하게 되고 한계에 이를 수도 있다.

우리가 마흔 이후의 삶을 살아가기 위해서는 자산을 키우는 역량을 갖추는 것이 매우 중요하다. 그중에서도 부동산은 자산증식의 핵심일 것이다. 투기를 하라는 말이 아니다. 실거주를 위한 이사나 입지가 좋은 곳에 투자해 자산을 증식하라는 것이다. 무리한 대출투자가 아니라 가진 돈을 최대한 활용하고 추가로 감당할 수 있는 레버리지를 활용해 좋은 집을 사는 것이 바람직하다. 그러기 위해서는 다양한 과목 중에서도 자신에게 적합한 투자법을 알아야 하고 그것을 적시에 활용할 줄 알아야 한다. 그것이 우리가 부동산의 여러 종목을 알고 입지 조건 등을 공부해야 하는 이유다.

그럼에도 불구하고 다양한 과목을 전반적으로 아는 사람은 많지 않다. 덧붙이면 시장 흐름을 알아야 하는데 매주 KB 시세나 한국감정원 시세를 통해 주간 매매 동향과 전세 동향을 파악하고 월간 동향도 알고 있어야 흐름을 따라갈 수 있다. 이렇게 계속 따라가다 보면 어느새 내 시야가 넓어진다는 것을 느낄 것이다.

부동산중개법과 세법도 알아두어야 할 지식이다. 부동산중개법이나 세법을 모른 채 거래하면 손해를 보거나 뒤통수를 맞을 수 있다. 부동산중개법에서 계약 파기나 거래 성립이 어떻게 이루어지고 효력이 발생하는지 등을 알아두면 큰 도움이 된다. 취득세, 양도세, 종부세 등이 시시각각 바뀌는 요즘 세금 공부는 선택이 아닌 필수가 되었다. 양도세가 복잡해져 세무사들이 세무상담을 기피한다는 뉴스를 접한 적이 있다. 그만큼 자신이 모르면 세무상담 비용은 늘고 거래 당시 차익이 1억 원이더라도 그 절반인 5천만 원을 세금으로 납부하는 상황이 벌어질 것이다.

평소 부동산 중개사와 친하게 지내두면 간단한 긴급 문의가 있을 때 상담받을 수 있고 투자 경험이 풍부한 멘토나 전문가를 알고 있으면 결정적으로 실수요 거주나 투자를 할 때 의사결정에 힘을 실어줄 수도 있다. 미래는 불확실하다. 당장 내일 일어날 일도 모르는 것이 인생이다. 그럴수록 자산관리의 핵심인 부동산의 다양한 과목을 전반적으로 익히면서 추가적인 인적 네트워크도 반드시 형성해야 한다. 나는 부동산 거래를 할 때 음료수 한 박스를 아까워하지 않았다. 전세 재계약을 하거나 매도할 때도 항상 잊지 않고 10만 원 정도를 추가로 챙겨드렸다. 그러면서 관계가 유지되고 더 신경 써줄 수 있었다.

* **부동산 투자 고수들의 공통점**
1. 아파트의 내재가치를 중시하며 시간에 투자한다.
2. 투자금이 많지 않더라도 투자할 수 있는 지혜와 용기가 있다.
3. 적절한 시기를 잘 파악한다.
4. 실력과 내공을 쌓아 흔들림 없는 투자를 한다.

> **마흔의 힘 한마디!**
>
> 부동산에 지속적인 관심을 갖고 실수요와 최소한의 투자를 위해 공부해야 한다. 항상 준비된 자에게만 기회가 찾아온다는 사실을 기억해야 한다. 과목이 많아 보이지만 결론은 하나다. 미래가치가 있고 입지 여건이 우수한 지역의 아파트에서 살거나 시간에 투자하는 것이다.

04

좋은 집 한 채를 위한 지속적인 부동산 공부

최근 30대가 우리 사회 주류로 떠오르고 있다. 〈부의 추월차선〉, 〈백만장자 메신저〉, 〈부자 아빠, 가난한 아빠〉 등 여러 재테크 서적이 젊은이들을 일찍부터 부자가 되어야 한다고 말하고 있는 상황이다. 취업과 결혼이 힘들어지는 현 시대에 그들은 경제적 능력이 가장 중요하다고 믿으며 책을 읽고 강의를 듣는다. 베이비부머나 현재의 40~50대보다 노후 걱정이 없는 세대가 되기 위해 부단히 노력하고 있다. 심지어 결혼과 출산도 미룬 채 경제적 자유를 추구하는 데 집중한다.

과거에는 직장 초년생이 벌써부터 무슨 부동산이나 주식투자냐며 고개를 저었지만 요즘은 그들이 시대를 앞서나가는 세대처럼 보인다. 그들이 부동산 시장에 경쟁적으로 뛰어들다 보니 시장이 점점 과열되는 측면도 있다. 어쩌면 그것은 정상적인 근로소득으로는 집 한 채 사기 힘든 현실을 반영하는지도 모르겠다. 뉴스에서는 30대가 빚을 내 서울 아파트를 어렵게 매수하고 있다고 안타까워하지만 사실 안타까운 것은 40~50대 이상인지도 모른다. 30대는 오히려 현명하게 낮은 은행 대출금리를 이용한 '영끌 투자'나 부모의 도움으로 투자하고 있기 때문이다. 실제로 그들은 과감한 대출과 청약제도의 빈틈을 활용해 신규 아파트에 당첨되고 있다.

부동산 중개사보다 자격증 없는 일반인이 오히려 더 많은 정보를 빨리 접하는 시대가 되었다. 청약, 분양권, 전·월세 투자, 경매투자, 재개발·재건축 투자, 상가투자, 토지투자까지 투자 방법이 많다는 것을 많은 일반인이 알아챘다. 지금도 이 말이 믿기지 않고 부동산이 하락할 우려로 전세로 산다면 시대에 뒤떨어졌다고 생각한다. 지금부터라도 시대의 흐름에 맞는 부동산 공부를 해야 한다.

사실 대부분의 신혼부부는 2~3억 원 미만의 아파트 전세에서 시작하는 것이 현실이다. 그 이하 빌라에서 시작하는 경우도 많다. 필자도 서울 송파 빌라에서 1억 5천만 원짜리 전세로 신혼 살림을 시작해 몇 번이나 이사했다. 필자는 무리하게 대출해 투자하거나 장거리 지방 투자는 안 했지만 결혼한 지 10년이 된 지금 그래도

40대 평균 이상으로 살기 위해 노력하고 있다고 생각한다. 물론 지금도 부동산에 여전히 지속적인 관심을 갖고 공부하고 있다. 앞에서 언급했지만 내가 부동산 투자에서 중시하는 몇 가지가 있다. 시간에 투자하고 시기를 잘 맞추고 미래가치가 높은 지역과 아파트에 투자하는 것이다. 대세 하락기나 조정기가 오더라도 민감하지 않은 부동산을 갖고 있다면 마음 편히 실거나 보유힐 수 있기 때문이다. 그런 면에서 현재 시장 흐름에서는 똘똘한 집 한 채에 투자하라고 권하고 싶다. 똘똘한 집 한 채가 이슈가 된 것은 2년 전쯤부터다. 강력한 부동산 규제정책이 쏟아져 나오자 결국 최대 1가구 2주택 안에서 똘똘한 집 한두 채가 세금 면에서 유리하다는 판단에서였다. 실제로 그 이후 강남 3구나 서울 아파트를 사는 데 더 집중되었고 지방도 입지가 좋은 고가 아파트를 사는 데 더 몰렸다.

결국 서울 안에서도 심한 편차가 나타나고 있다. 그것은 입지가 좋은 지역은 더 오르는 반면, 입지가 덜 좋거나 가격이 낮은 아파트는 상승세가 둔화되는 현상이 니타나고 있다. 언제까지일지는 모르지만 대출이나 세금 규제와 별도로 똘똘한 집 한 채는 바람직한 현상이라고 생각한다. 사실 우리나라의 문제점 중 하나는 높은 인구밀도와 소수의 부 독점이므로 좋은 입지의 똘똘한 집 한 채를 가질 것을 권한다. 가격과 함께 거주요건까지 따져봐도 가성

비 좋은 아파트라면 우리가 원하는 똘똘한 집 한 채가 된다고 생각한다. 30대 사회 초년생이나 신혼부부가 서울 중심부의 30평짜리 아파트를 어떻게 마련할 수 있겠는가! 결국 3억 원, 5억 원, 10억 원에 맞추어 똘똘한 집 한 채를 추구하면 된다. 그 후에는 근로소득이나 금융소득으로 그 가격대에 맞는 최선의 집 한 채를 마련하면 되는 것이다. 그 이후에도 경매나 다른 방법으로 차익을 실현해 내 집 평수를 넓히거나 입지 여건이 더 좋은 곳으로 이사를 가면 될 것이다.

입지에 따른 아파트 이사 방법은 다음과 같이 생각해볼 수 있다. 입지가 좋은 소형 구축 아파트에서 입지가 좋은 중형 구축 아파트로 이사가고 또 거기서 입지가 좋은 재건축이나 신축 아파트로 이사가는 로드맵을 진행해야 한다. 여기서 공통점은 입지가 중요하다는 것이다.

> ✱ **사이클에 맞는 아파트 투자법은 다음과 같다.**
> - 불황기에는 저평가된, 입지가 좋은 지역의 아파트에 경매 투자한다.
> - 회복기에는 청약, 분양권 투자, 기존 아파트 전세 투자를 한다.
> - 상승기에는 입지가 좋은 중대형 평수의 아파트나 나홀로 아파트에도 투자할 수 있다.
> - 급등기에는 아직 상승하지 않은 저평가 지역을 매수한다.

기본적으로 집은 투자나 투기가 아닌 주거 대상이 되어야 할 것이다. 어쩔 수 없는 지방 근무나 이사로 인한 2주택이나 자산증식의 목적으로 2주택까지는 가능하다고 생각한다. 기본적으로 가장 중요한 것은 똘똘한 집 한 채를 위해 자산을 늘려가는 것이다. 그런 생각이야말로 현명하고 합리적인 부동산 투자법이라고 생각한다. 타이밍에 맞게 부동산에 대한 여러 가지 방법과 태도를 취하는 것도 맞다. 그러나 기본적으로 자산을 불려나갈 신념과 언젠가 넓고 좋은 집 한 채를 갖기 위한 이사와 투자가 바람직한 부동산 자산증식 방법이라고 생각한다. 마흔 이후 자산을 늘려가는 데도 개인마다 차이가 많을 것이다. 지금부터라도 비슷한 가격에 더 좋은 입지로 이사갈 것인지 아니면 어떤 방향으로 자산을 늘려갈지 고민해보길 바란다. 그런 과정들이 좋은 집 한 채로 가는 첫걸음이 될 것이다. 내 경험상 어느 것이든 지속적인 꾸준함과 관심이 있어야 성장할 수 있었던 것 같다. 지금 남들과 비교해 좀 부족하더라도 의기소침하지 말고 지속적으로 성장하기 위해 관심을 갖는다면 결국 좋은 결과가 있을 것이라고 자신감을 주고 싶다.

✽ 실거주 전략의 장점

1. 대출을 적극 활용할 수 있다.
2. 내 집을 계속 업그레이드할 수 있다.
3. 세금이나 규제에 자유롭게 대처할 수 있다.

마흔의 힘 한마디!

　좋은 집 한 채를 갖는 것은 우리가 평생 해야 할 일인지도 모른다. 결국 주어진 상황과 가격에 맞춰 내 집을 갖기 위해 오늘도 노력하고 있다는 사실을 기억하길 바란다. 부동산 투자에서 만족은 없을지도 모른다.

3장

이제 주식투자는 선택이 아닌 필수

[월세를 받는 능력]

01
주식은 무조건 도박일까?

대학 시절 내 전공은 돈을 버는 방법이나 경제 흐름을 배운다는 경제학이었다. 그러나 필자는 주식은 위험부담이 커서 좋지 않다는 생각이 많았다. 주식투자에 대한 사회적 인식이 좋지 않았던 것도 사실이었다. TV에서 주식시세 뉴스가 나와도 전혀 관심이 없었다. 30대까지만 해도 주식책은 꽤 오래 전에 출간된 〈주식투자, 무작정 따라하기〉만 알고 있었다. 그 책은 상당히 오래 주식의 고전과 같은 베스트셀러였다. 그 외에 재무제표나 단타 매매 관련 책들도 꾸준히 나왔지만 별로 큰 인기를 얻지 못한 것이 주식시장의 현실을 말해주고 있었다.

물론 재테크에 관심 있던 친구들이 젊을 때부터 주식책을 읽는 것을 보았다. 나는 그 당시 별 관심이 없어 주식책들이 눈에 들어오지 않았던 것 같다. 한 권의 주식책이 베스트셀러로 오래 자리잡고 있다는 것은 반대로 생각하면 주식은 베스트셀러 시장이 아니었다는 반증일 수도 있다. 지금 와서 추천하고 싶은 책은 주식의 고전인 랄프 웬저의 〈작지만 강한 기업에 투자하라〉, 필립 피셔의 〈위대한 기업에 투자하라〉다.

이 두 권은 주식 자산가가 되기 위해 좋은 기업 종목을 깊이 알고 투자하는 것의 중요성을 강력히 피력하는 책들이다. 워런 버핏의 〈주주 서한〉이나 피터 린치의 〈투자 이야기〉도 강력히 추천한다. 주식책을 처음 읽을 때는 기본적인 분석을 위한 재무제표나 차트 분석 등의 기술적 분석보다 주식의 고전이나 성공 스토리를 다룬 책을 읽을 것을 권한다. 그 이유는 간단하다. 흥미를 갖고 기본 마인드를 탄탄히 하기 위해서다.

뿌리 깊은 나무가 튼튼한 것은 어디에나 적용되는 원칙이다. '원칙 없는 투자'는 결국 끝이 좋지 않다는 것을 알아야 한다. 내가 가장 읽기 싫어하는 책은 주가 차트 수십 개를 분석한 책이다. 수학 공식처럼 차트를 달달 외우라는 것으로 보이기 때문이다. 하지만 주가 차트 분석은 참고 지표일 뿐 모든 것을 말해주지는 않는다. 물론 알면 수익을 내는 데 도움은 되지만 마인드나 종목 분석을 이해하고 나서 해도 늦지 않다고 생각한다.

몇 년 전 어느 날 필자는 주식책 몇 권을 읽기 시작했다. 차트나 도표가 없는, 술술 읽기 쉬운 책들이었다. 특히 30대 중반의 저자 오정훈 저자가 쓴 〈내가 주식을 사는 이유〉는 주식에 대한 나의 기존 선입견을 철저히 깼다. 나이는 많지 않지만 그의 블로그 글을 보면 개성이 매우 강하고 투자 가치관이 명확한 주식투자자 같았다. 그런 매력에 끌린 방문자가 블로그에 많이 유입되고 있었고 나도 궁금해 읽어보니 무척 심플하고 쉽게 쓴 책이었다. 주식을 해야 할 동기를 부여하고 있었다. 대학 시절부터 좋은 회사의 주식을 계속 사들였고 지금도 치열하게 투자 중이라는 내용이었다. 주식투자에 부정적인 사람이나 왕초보가 처음 책을 잘못 선택하면 흥미를 잃을 수 있는데 그런 점에서 이 책을 추천하고 싶다.

아낀 커피값으로 주식을 사 주주가 된다는 것이 주요 내용이었다. 사실 커피값이나 담뱃값을 아껴 매달 주식을 한 주씩 산다는 말에 뒤통수를 맞은 느낌이었다. '그래, 바로 이거야!' 소비를 절제하면서 앞으로 성장할 기업의 주식을 차근차근 사모으면 몇 년 후 빛을 볼 거라는 생각에 새로운 원리를 발견한 느낌이었다. 주식은 누가 어떤 원칙과 투자 마인드로 덤비느냐에 따라 투자도 투기가 될 수 있다. 개인투자자들의 실패 이유는 조급함과 탐욕이라는 사실을 명심해야 한다. 운좋게 큰 수익을 올렸더라도 투자 마인드나 부자 마인드가 없으면 다시 손실을 본다는 사실이다. 그래서 항상 투자원칙과 절제, 자기경영이 필요한 것이다. 이런 마인드가 갖춰지지 않으면 1억 원을 벌든 10억 원을 벌든 더 절제되지 않아 결국 원금으로 되돌아가거나 손실을 볼 수 있음을 명심해야 한다. 인간은 불완전한 존재라는 점을 한 번 더 기억해야 할 것이다.

다시 말해 주식은 결국 도박이 아니며 지금이라도 공식적인 투자자 겸 한 명의 주주로 시장에 참여해야 한다는 것이 독자들에게 해주고 싶은 말이다. 일희일비하면 도박이 되고 절제하면 가치 있는 투자가 될 것이다. 필자는 주식으로 많은 돈을 벌지는 못했고 지금도 부족한 점을 배우고 있다고 생각한다. 큰 투자원칙을 세우고 작은 방향을 따라 지치지 않는 나만의 원리를 깨달은 데 감사한다. 주식투자는 은퇴가 없는 나만의 무기가 될 수 있다. 그것은 바로 일시적인 투기가 아닌 정기적인 투자이기 때문이다. 그것이 바로 앞에서 차트 분석이 전부가 아니라고 말한 이유다. 기업 차트 분석보다 기본적 분석을 통해 저평가와 성장성을 봐야 한다.

우리가 어떻게 투자하고 있는지 한 번 더 생각해야 한다. 상승장에서 몇 번 투자해 수천만 원 수익을 올린 후에 주식투자를 그만두지 말고 지속적인 성공투자를 위한 마인드부터 다져야 한다. 다른 투자에 비해 주식투자는 더더욱 그렇다! 그런 단단하고 절제하는 투자 마인드가 있다면 지속적인 투자와 큰 수익이 가능할 것이라고 확신한다.

필자는 이 책을 쓰면서 사람들에게 선한 영향을 주는 사람이 되자고 다시 한 번 결심했다. 부동산 투자든 주식투자든 힘들게 내공을 쌓아 성공한 분들을 존경하고 앞으로 닮아가고 싶다. 부동산에는 39세 때 퇴직한 후 때로는 힘들었지만 부동산 투자를 꾸준히 다니며 3년 만에 경제적 자유를 이룬 청울림 님을 존경한다. 주식에서는 큰 자산을 이룬 '선물 주는 산타'라는 블로그의 이웃이자 책 저자를 존경한다. 이들은 평소 선한 영향을 주겠다는 강한 의지를 갖고 성공에까지 이르렀다. 지금도 그분들은 책 인세를 받으면 전액 기부하거나 후배 양성에 힘쓰는 등 선한 영향을 미치고 있다.

나는 돈의 가치를 알고 이웃을 위해 노력하는 그들이 더 잘되길 기도한다. 한 번 더 말하지만 부자와 졸부의 차이는 그것이다. 평소의 생각이 별것 아닌 것 같지만 훗날 똑같이 50억 원, 100억 원이 되었을 때 행동이 확연히 달라지는 것을 볼 수 있다. 지금부터라도 자신이 부자가 되어야 하는 이유와 이웃에게 해주고 싶은 것을 생각하면서 전진한다면 성공으로 가는 길이 더 즐거울 것이

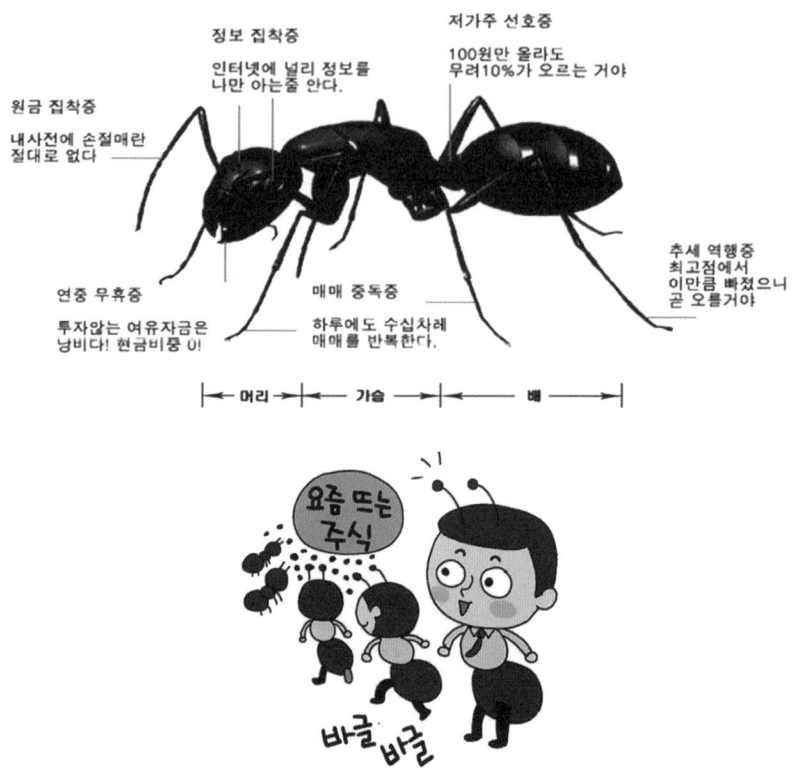

[초보 개미들이 저지르는 실수]

> *** 도박이나 투기가 아닌 투자를 하는 방법**
>
> 1. 자신만의 투자원칙을 지키면서 투자한다.
> 2. 기업 가치를 알아보고 주주가 된다는 사실을 기억하며 매수한다.
> 3. 매수할 때 매수하는 분명한 이유를 생각한다.
> 4. 저평가된 주식에 투자하는 원칙을 세운다.
> 5. 매도할 때 매도하는 분명한 이유를 생각한다.
> 6. 손절가를 반드시 지킨다.

다. 그런 생각을 하면 투기가 아닌 건전한 투자를 위해 행동할 것이고 자산을 늘린 후에도 자신이 어떻게 살아가야 할지가 보일 것이다.

이 원칙들만 지키더라도 원칙투자는 물론이고 손실을 안 보는 투자가 가능하겠지만 처음에는 마음처럼 잘 안 되므로 주식 매매일지를 반드시 써야 한다. 손실이 나더라도 반면교사로 삼기 위해 매매일지가 필요하다. 쓰다 보면 작은 성공을 계속 거둘 것이고 작은 실패의 쓰라린 경험은 더 큰 성공투자의 밑거름이 될 거라고 믿는다. 어떤 위기상황에서도 흔들리지 않는 멘탈, 기본 지식, 냉철한 결단력이 바탕이 된다면 주식시장에서 소중한 내 돈을 잃지 않을 것이다.

주식투자는 순간적인 판단이 아니라 좀 더 깊이 있는 종목 분석과 투자 마인드가 중요하다. 주식시장에서 오랜 경험이 있는 투자자들조차 '주식은 귀신도 모른다'라고 말한다. 그만큼 예측하기 힘든 주식시장에서 우리는 오늘 어떤 주식을 어떤 판단으로 샀고 얼마나 보유할 것인지 구체적인 투자계획과 매매일지 작성을 해야 한다. 그래야만 하나의 명확한 재테크 수단으로 만들 수 있을 것이다. 끝으로 내가 틀릴 수도 있다는 겸손한 태도를 항상 견지한다면 돈을 잃지 않는 진정한 투자가 될 수 있을 것이다. 여러분도 이 말을 명심하고 원칙과 지식을 바탕으로 계속 공부하면서 자산을 불려나가는 성공투자를 하시길 기원한다! 한 가지 분명한 것은 주식투자는 마흔 이후 우리가 갖추어야 할 생존무기 중 하나라는 것이다.

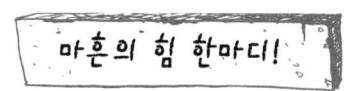

> 주식투자는 마음부터 다스리고 시작해야 한다. 그래야만 투기가 되지 않고 주주로서의 투자가 될 것이다. 단기투자라고 해서 주주가 아니거나 투기로 취급받는 것은 아니다. 원칙 없이 매수·매도하기 때문이다.

02

실전 투자 이전에 멘탈 관리와 트레이닝이 먼저다

우리 마음 속에는 주식투자에 전혀 도움이 안 되는 괴물이 있다. 인간의 본성인 탐욕이다. 이 탐욕 때문에 개인투자자가 손실을 본다고 해도 과언이 아니다. 그래서 고수들은 멘탈 정립에 많은 시간과 공을 들였다. 우리는 앙드레 코스톨라니의 책 제목처럼 돈을 뜨겁게 사랑하고 차갑게 다루어야 한다. 그것이 주식투자의 출발점이다. 주식투자는 머니게임이기 때문이다. 누군가 수익이 나면 누군가는 잃는다. 실수하거나 위기가 왔을 때 냉철한 판단을 할 수 있어야 한다.

멘탈이 바로 잡혀 있지 못하면 매수·매도할 때 감정적으로 행동하게 된다. 그것은 성격 문제가 아니다. 입사하면 회사의 기본적인 경영원칙을 배우듯 주식에 입문하면 주식투자를 할 때 멘탈과 심리관리부터 익혀야 어떤 바람에도 흔들림 없이 견딜 수 있고 한 명의 개인투자자로 거듭날 수 있다. 개인투자자들은 기본적인 마인드부터 재정립하지 않으면 순간적인 감정에 치우친 매수·매도로 큰 손실을 볼 수 있다. 우량주에만 장기투자해도 마찬가지다. 그래서 우리가 지속적으로 수익을 내려면 잃지 않는 법부터 익혀야 한다.

기본적인 마인드 정립 후에는 무엇을 해야 할까? 기본적인 지식을 갖추면서 매수·매도하고 초보 개미들이 저지르는 실수를 다시 되새겨보아야 한다. 그 실수를 저지르지 않기 위해 최대한 노력해야 한다. 그 실수는 결국 외국인, 기관, 주식시장에 미리 진입해 단련된 개인투자자의 먹잇감이 될 빌미를 주기 때문이다. 주식시장도 먹고 먹히는 정글과 다르지 않다.

* 초보 개미들의 착각 증상은 다음과 같다

1. 자주 사고팔아야 수익이 많이 난다.
2. 남들이 사는 주식을 덩달아 사면 좋을 것이다.
3. 실력과 상관없이 운이 좋아 대박 수익이 날 것이다.
4. 내가 아는 정보는 소수만 알고 있다.
5. 내가 산 주식은 항상 오를 것이다.
6. 1등 주는 상승 추세가 빠르니 늦게 오르기 시작한 2등 주를 산다.

결국 누가 절제하고 실수를 덜 하느냐에 따라 주식투자의 수익률뿐만 아니라 주식시장에 오래 살아남을지 여부가 결정된다. 실전 트레이닝이 되지 않아 실수하거나 나쁜 습관을 익히면 안 된다. 나쁜 습관이 반복되다 보면 주식은 자신과 안 맞다고 생각할 수도 있다. 처음에 초심자의 행운으로 수익을 보다가 결국 손실로 주식시장을 떠나기도 한다.

트레이닝이 되어 있더라도 실전 투자를 하다 보면 예상하지 못한 악재 뉴스로 위기를 맞는 것이 현실이다. 따라서 주식투자를 할 때는 마인드 정립이나 실전 투자 연습 등이 필요한 것이다. 그 결과를 복습하고 실수를 반복하지 않도록 노력하면 수익은 자연스럽게 따라올 것이다. 일단 원금을 지키려는 노력부터 해야 한다. 또한, 일희일비하지 않도록 노력해야 한다. 그렇지 못한 성격이거나 준비되지 않았다면 아예 안 하는 것이 낫다. 금전적 손실보다 더 중요한 건강까지 해칠 수 있기 때문이다.

너무 스트레스 받으면 득보다 실이 크므로 항상 여유 있고 담대한 마음을 가지려고 노력해야 한다. 수익을 얻으려면 트레이닝 이후 실력을 갖추었을 때 가능하다는 것을 기억하길 바란다. 주식투자가 쉽다면 모든 투자자가 돈을 벌 수 있고 심지어 직장을 다닐 필요도 없을 것이다. 하지만 주식시장은 그렇게 만만하지 않다. 주변에서 짜릿한 수익을 내며 전업 투자해 성공한 사람도 보지만 실패해 큰 빚을 진 사람도 볼 수 있다. 사실 전업 투자로 크게 성공한 분들은 대부분 10년 이상 숙련된 투자자들이며 기본적인 멘탈을 갖추고 다양한 실패와 성공을 경험하며 트레이닝이 되어 있다. 전업 투사를 꿈꾸는 독자가 있다면 트레이닝 과정을 거치고 나서 결정해도 늦지 않다.

 오랜 기간의 지속적인 공부와 수많은 매수·매도 경험은 여러분을 실전에서 잡아먹히지 않는 사자로 만들어줄 거라고 확신한다. 미래를 결코 예측할 수 없는 곳이 주식시장이다. 그래서 예측이 아닌 대응만 할 뿐이다. 하지만 그 대응은 그냥 되는 것이 아니라 과거 나의 성공과 실패를 떠올려야 가능하다. 종목을 분석한 경험을 계속 쌓아가는 것도 큰 도움이 된다. 주식 초보는 하루아침에 큰 수익을 욕심내면 안 된다. 언젠가를 생각하며 수 년 동안 자신을 단련시켜야 그런 기회가 올 수 있다.

 필자는 초보 투자자들이 500만 원 미만으로 6개월 이상 꾸준히 트레이닝하길 추천한다. 그리고 나서 자신감이 어느 정도 생겼을 때 적극적으로 투자하는 것이 좋다. 최근 상승장에서 초보 투자자들이 수천만 원부터 수억 원을 한 종목에 투자해 수익을 올린 경우도 종종 보았다. 그런 짜릿한 경험도 좋지만 지속적으로 주식에 투자해 월세를 받기 위해 노력하라고 말해주고 싶다. 만약 필자가 장기투자만 하더라도 트레이닝은 필수라고 생각한다. 매달 적금 넣듯이 삼성전자에 장기투자한다면 안정성을 중시하는 투자자에게는 좋은 방법이 될 수도 있지만 더 큰 수익률을 얻거나 단기적인 호재에 대응하는 투자자의 능력은 배양할 수 없을 것이다. 단기와 장기투자를 병행하는 것이 현명한 주식투자라고 생각한다.

개인투자자들은 거짓말처럼 비슷한 경험을 처음에 겪었을 것이다. 저가주를 사고 손절하지 못 하고 고점에서 사는 현상이 반복된다. 그런 실패 경험을 안 하면 좋겠지만 알고도 당할 수 있으니 매매일지 작성을 추천하는 것이다. 매매일지는 성공과 실패를 경험하면서 자신을 몇 배 더 업그레이드시켜 줄 것이다. 주식을 사고 팔았던 이유와 매수·매도 가격을 적어두어야 한다. 더 중요한 것은 자신이 느낀 점이다.

> "투자행위란 철저한 분석을 바탕으로 투자원금의 안정성과 적당한 수익성이 보장되는 것이다. 그렇지 않으면 투기다."
>
> — 벤자민 그레이엄 —

> 마흔의 힘 한마디!

주식투자로 자산을 한 번에 이루기는 어렵지만 투자 마인드 정립과 실전 투자 연습을 꾸준히 한다면 월세 수입 정도를 얻을 수 있을 거라고 믿는다. 너무 큰 욕심을 내지 말고 평생 한다는 생각으로 주식투자에 임해보자.

03

기업의 스토리를 알고 종목을 선정하자

주식투자를 하기 전에 기업분석부터 필수적으로 해야 한다. 기업의 과거 이력과 현재 상태를 살펴보는 것이다. 기업의 미래를 완벽히 예측하기는 어렵지만 기업의 과거 스토리를 알면 향후 대략적인 방향을 충분히 예상해 당황하지 않고 더 침착하게 대응할 수 있다. 최소한 방어적 투자는 가능한 것이다.

매일 모든 개별기업 지수기 코스피, 코스닥 지수와 같은 방향으로 등락하지는 않는다. 그래서 우리는 재무건전성, 뉴스, 미래가치 등에 따라 업종과 개별 종목을 잘 선택해야 한다. 업종 대표주 1~2개 종목 분석을 하고 해당 업종에 관심이 더 생기면 파생적인 중·소형주도 알아보면 된다.

최근 흐름을 보면 증시 전문가들은 한국 증시의 미래를 밝게 전망하고 있다. 하지만 증시의 미래가 밝다고 모두 돈을 버는 것은 아니다. 막강한 자본력과 정보 분석력을 가진 외국자본이나 기관투자가와 우리 개인투자자는 큰 차이가 있다. 한 번 더 정신을 바짝 차리고 기업과 차트를 분석한 후 진입해야 한다. 기업분석을 꾸준히 해나가면 기회는 계속 올 것이다. 필자도 일주일에 2개 이상 종목 분석을 위해 네이버 종목 리포트나 한경 컨센서스 등을 꾸준히 보고 있다.

사실 코스피, 코스닥의 등락과 방향이 같은 종목은 시가총액이 높은 삼성전자와 일부 종목에 불과하므로 삼성전자의 글로벌가치를 보고 '묻지 마' 투자한다면 모를까 개별 종목 공부는 계속되어야 한다. 그러지 않고 뉴스를 보고 판단하면 늦다. 사전 정보가 있다면 더 좋겠지만 아니라면 미리 공부하면서 시장과 종목을 계속 주시해야 한다. '뉴스에 팔라'라는 말은 기업공부를 미리 하라는 말과 일맥상통하는지도 모른다. 단기투자, 장기투자와 상관없이 필요하다. 단기투자는 급변하는 시장 흐름 때문에 더 필요할지도 모른다. 그래야만 신제품 개발, 실적공시, 유·무상 증자 등의 뉴스로부터 자신을 보호하고 대응할 힘이 생기기 때문이다.

최근 수많은 주식책과 유튜버가 지식과 정보를 제공해주고 있다. 주식 정보는 꾸준히 있었지만 개인투자자는 결국 손실을 보고 주식시장을 떠난 경우가 많았던 것이 사실이다. 정보를 받아들이기만 하고 자신의 판단력이 부족하지 않았는지 되새겨보아야 한다. 아무 준비도 없이 섣불리 외국인과 기관에 맞서지 않았는지 반성해야 한다.

가장 빠른 종목 자료 분석법
1. 네이버 종목 분석(애널리스트 자료)
2. 한경닷컴(기업 리포트란의 각 증권사 리포트)
3. 산업통상자원부(수·출입 동향자료)

* 종목별 이동평균선 대응

- 대형주
  120일선이나 200일선 등 중·상기 이동평균선 참고

- 중·소형주
  20일선이나 10일선 등의 중기 이동평균선 참고

- 소형주, 테마주
  5일선이나 3일선 등의 단기 이동평균선 참고

"주식시장의 하락은 1월의 눈보라만큼 일상적이다. 대비만 되어 있다면 주가 하락은 당신에게 타격을 줄 수 없다."

— 피터 린치 —

주식투자를 하면서 남의 말을 듣고 돈 벌었다는 소리를 들어본 적이 없다. 그 재미있는 이유는 단순하다. 남의 말을 듣고 돈을 벌었으면 조용히 있고 손실을 볼 때만 말하기 때문일 것이다. 반면, 오랜 주식투자 경력으로 쓴맛을 보며 단련된 분들은 큰 돈을 벌어 당당히 기업분석에 대해 말한다. 주식 공부를 조금이라도 했거나 몇 년 이상 실전 경험을 쌓은 분들은 종목 선정과 투자 원칙의 중요성을 잘 알 것이다. 코스피, 코스닥 대부분 종목의 수익률이 좋을 때는 '묻지 마' 투자를 해도 10~20% 이상 수익이 날 수도 있지만 이런 대세 상승장이 지속되지 않는다는 것을 알아야 한다. 그래서 자기주도적인 정보 파악과 기업분석이 중요한 것이다.

작년에 직장인이 한 종목에 2천만 원을 투자해 20% 수익률을 달성했다고 가정해보자. 400만 원 수익이다. 이런 분들도 상당수 있겠지만 그 정도를 주식투자라고 말할 수 있을까? 좀 더 다양한 종목에 포트폴리오로 투자해 수익률을 높이고 위험을 분산시키라는 뜻이다.

내가 말하고 싶은 투자는 기업공부를 꾸준히 해 종목 선정과 매수·매도 타이밍을 어느 정도 가늠하는 포트폴리오 투자다. 그래야만 주식투자 경력에 따른 실력이 향상되고 더 큰 기회를 가질 수 있다고 생각한다. 자신만의 기준과 원칙으로 종목을 엄선해야 한다. 그것은 사람마다 조금씩 다르다. 위험이나 수익에 대한 개인별 성향 차이 때문이다. 같은 돈을 투자해도 투자 기간과 기대수익률이 다르다는 뜻이다.

나만의 종목 선정 원칙의 예

1. 업종 대표주나 시가총액 상위 종목 중 재무제표가 안정적인 종목
2. 외국인 투자 비율이 높은 우량주이고 경영 안정성이 확실한 종목
3. PER, PBR 등의 지표와 전반적인 재무제표상 안전한 종목
4. 주력사업이나 신규사업의 성장 가능성이 있는 종목
5. 장기간 횡보하거나 하락한 종목 중 상승 가능성이 있는 종목

이 종목 선정 원칙 중 3가지 정도를 간추려 나만의 원칙을 만들어보면 향후 투자할 때 큰 도움이 될 것이다.

마흔의 힘 한마디!

> 주식투자는 기본적 분석 후 기술적 분석을 해야 한다. 기업의 과거와 미래 가능성을 보고 종목 분석을 철저히 해야만 편한 마음으로 투자할 수 있다. 앞으로 살아갈 인생은 길다. 나만의 주식투자 원칙을 만들어 꾸준한 월세 소득을 만들어보자.

04

주식은 타이밍과 절제의 싸움이다

　주식투자는 겸손한 마음으로 자신이 선택한 종목과 타이밍에 대해 돌다리도 두드려보듯 항상 신중해야 한다. 저점매수, 분할매수, 포트폴리오 분배도 중요하다. 장기투자와 단기투자의 비율, 종목군 중 한 곳 투자보다 유망한 여러 종목군 분산투자도 생각해보아야 한다.

　저점매수, 분할매수, 포트폴리오 등을 기준으로 투자한다면 바람직하고 안정적인 투자가 될 것이다. 한 가지 덧붙이면 매수·매도 이유에 따른 타이밍과 절제 싸움이다. 주식에 처음 입문했을 때 필자도 원칙이 제대로 갖추어지지 않아 사면 떨어지고 팔면 오르는 경우가 많았다. 그리고 그것을 이겨내지 못하고 감정에 휘둘려 매수·매도를 거듭하며 종종 큰 손실을 보았다.

　예를 들어, 대선 테마주나 바이오주 뉴스가 나오면 급등과 상

경제 섹터	산업군	경제 섹터	산업군
에너지	에너지	건강관리	건강관리서비스 및 장비
소재	소재		제약 및 생명과학
산업재	자본재	금융	은행
	산업전문서비스		다각화된 금융
	운송		보험
자유소비재	자동차 및 부품	정보기술	소프트웨어 및 IT장비
	내구소비재 및 의류		하드웨어 및 IT장비
	소비자서비스		반도체 및 반도체장비
	소매	커뮤니케이션 서비스	통신서비스
필수소비재	음식료 소매		미디어 및 엔터테인먼트
	음식료 담배	유틸리티	유틸리티
	가정 및 개인용품	부동산	부동산

[출처: 한국거래소, 주식 종목군별 분류]

한가를 몇 번이나 기록했음에도 불구하고 막연한 기대감으로 매수했다. 많은 비중을 투자해 운좋게 다음 날까지 상한가를 기록하던 주식이 갑자기 악재 뉴스로 폭포수처럼 급락한 적도 있다. 지금 생각해도 너무 화가 나고 하늘이 무너지는 심정이었다. 그 후로 일주일 동안 밥도 잘 넘어가지 않았다. 눈앞에서 천만 원 이상이 사라졌다. 이 사례에 비춰보면 포트폴리오 투자, 매수·매도 원칙 엄수, 과욕 금지, 철저한 종목 분석의 이유를 알 수 있을 것이다.

그럼 구체적으로 어떻게 투자해야 할까? 저점 매수의 경우, PER, PBR을 참고하면서 과거 60일선, 120일선을 유심히 분석해 매수 타이밍을 주시해야 한다. 주가를 상승시킨 호재와 하락시킨 악재를 아는 종목에 투자한다면 덜 불안할 것이다. 이처럼 매수의 기본적인 기준은 내 자산을 지키고 나아가 수익을 내는 중요한 요소 중 하나다. 주식 초보는 이 원칙을 지키지 않고 그날 올라가는 급등 종목에 투자해 손실을 보는 경우가 많다. 물론 운좋게 수익을 올릴 때도 있지만 여러 번 말했듯이 그것은 투자가 아닌 투기다. 즉, 도박이다. 50대50 확률에 도전한다고 할까? 차트 분석을 더 철저히 해야 한다.

전쟁에서 현명한 장수나 협상가는 이기는 포석을 미리 만들어 놓고 이기는 게임만 한다고 한다. 주식투자에서도 그렇게 되려면 철저한 종목 분석과 절제로 급등하는 종목을 당일 매수하지 말고 잔잔한 파도일 때 매수하는 것이 정답이다. 안 그러면 매일 밤잠을 설치고 고민할 것이다. 주식을 해본 사람은 그 고통을 잘 안다. 고점에서 매수해 자금이 묶이거나 손실을 본다면 얼마나 답답하고 상실감이 클 것인가? 기업 실적에 기반한 종목분석만이 편안한 수면을 취할 수 있는 정답에 가깝다.

매도도 마찬가지다. 처음부터 목표가를 설정해두어야 마음이 흔들리지 않는다. 물론 새로운 경제 상황이나 변수가 발생해 추가로 유지하거나 일찍 매도할 수도 있지만 인간의 마음은 갈대와 같으므로 목표가를 미리 결정해놓는 것이 좋다. 손절가도 마찬가지다. 신중히 매수했는데도 떨어진다면 5% 안에서 즉시 매도하는 것이 좋다. 조금 더 늦으면 더 큰 손실을 보며 아까운 투자자금이 묶이면서 몇 달, 몇 년을 기다려야 할지도 모른다. 실제로 필자의 지인 중에는 몇 년 전 한 종목에 큰 금액을 넣었다가 지금까지도 수천만 원의 자금이 묶인 경우를 보았다.

이처럼 몰빵(?) 투자는 수천만 원의 손실로 정신적으로도 피곤해지므로 주식투자를 할 때는 투자일지를 써가며 원칙에 따라 절제하며 매수·매도해야 한다. 한편, 필자의 경험상 포트폴리오를 구성할 때 지나친 '달걀 나눠 담기'는 역효과가 날 수도 있다. 깨지기는커녕 바구니가 너무 많아 들고 다니기도 힘드니 바구니는 금액과 상관없이 4개 종목 미만을 권한다. 너무 많은 종목에 분산투자해 10개 종목 이상이 되면 매도할 타이밍이 있어도 놓칠 수 있다. 특히 중·소형주는 장중 급등락하는 경우가 많은데 대처하기가 매우 어려워 시간이 없는 분들은 종목 수를 줄이고 우량주에 투자해야 한다.

전문가들은 주식 초보들에게 시가총액 상위 종목 중 미래가치가 높은 종목에 투자하거나 삼성전자 한 종목에만 지속적으로 투자하는 것이 정답일 수 있다고 말한다. 여러 종목이나 단기 급등 종목을 사면 하루종일 쳐다봐야 해 매우 피곤해진다. 특정 세력들에 의해 움직이는 종목은 매도 타이밍 잡기도 매우 어렵다. 그것은 모니터를 3개 이상 놓고 데이트레이딩하는 전업 투자자의 영역일 것이다.

주식 부자들이 말하는 인생 종목을 만나려면 종목을 잘 선택하고 저점매수, 분할매수를 해야 한다. 하나 더 강조하는 점은 현금 보유를 30~40% 하라는 것이다. 이 모든 원칙을 실천만 한다면 중급 이상의 실력을 갖출 것이다. 결국 주식은 심리와 멘탈 싸움인데 고수들은 선택한 종목에 일희일비하지 않고 목표가를 확신하고 끝까지 인내한다. 중수들은 중간에 약간의 수익에도 만족하고 팔아버린다. 그것이 차이점이다. 그래서 나는 주식으로 거액 자산가가 된 분들을 존경하지 않을 수 없다. 분석력, 뚝심, 배짱이 있어야 가능하기 때문이다. 절대로 운이 아니라고 생각한다. 밑바탕에 깔린 기업분석, 확신, 장기투자하는 뚝심, 용기 덕분에 가능했을 것이다.

내 것처럼 느껴졌던 수익이 연기처럼 사라진다면 잠이 오겠는가! 주식은 전문가도 어렵다고 느끼고 일반 개미투자자도 어렵다고 느낀다. 다만 확률이 좀 더 높은 것이다. 실패 경험이 쌓이면서 실수를 반복하지 않도록 노력해야 하므로 일정 기간의 시행착오를 당연시하며 위안으로 삼으면 된다. 전문가의 도움을 처음부터 받지 않는 한, 시행착오나 실수는 없을 수 없다.

2020년 대세 상승장처럼 엄청난 유동성 덕분에 주가가 오를 때 주식을 접한 분들이 더 위험할 수 있다. 그때 많은 수익이 나 주식시장을 떠난다면 더 없이 좋겠지만 어중간한 수익을 보고 그 금액으로 내년에 다시 투자한다면 성공 확률보다 실패 확률이 높을 수도 있다. 지금까지 리스크 관리나 힘든 고비를 슬기롭게 헤쳐나온 적이 없기 때문이다.

축구 경기에서 약팀을 만나 결정적인 패스로 두 골을 넣어 이겼는데 오늘은 강팀을 만나 내게 공이 안 온다면 계속 오프사이드 반칙만 범하다가 제대로 슈팅 한 번 못 해보고 경기가 끝날 것이다. 평생 삼성전자 주식만 사놓고 물려줄 것이라면 큰 문제가 없을 수도 있다. 2천여 개 종목 중 계속 우상향하는 종목은 삼성전자가 유일할 정도로 모든 면에서 초우량 기업이기 때문이다. 하지만 마흔 이후에 주식을 통한 지속적인 수익추구를 위해서는 배경지식을 차근차근 쌓아나가야 한다. 다른 배경지식도 차근차근 알아두어야 한다고 생각한다.

부동산 투자자와 강사가 눈에 많이 띄고 강의도 많은데 주식은 상대적으로 강의가 왜 적을까? 내가 생각하는 이유는 간단하다. 부동산은 우리나라에서 공식적으로 합법적인 재테크 수단이자 나름 딩딩히 부를 축적해나간 분야였고 최근 5년간의 대세 상승에 힘입어 상당수가 부자 반열에 올라 강의도 많이 오픈되고 정보도 많기 때문이다. 하지만 주식은 어떤가? 거의 10년 동안 코스피는 조정장이어서 개미들이 수익을 못 보는 무덤이었다. 제로섬 게임에서 결국 개미들만 손실을 본 것이다. 부동산처럼 개인과 개인의 거래가 아니라 개인과 기관투자자 및 대규모 외국인 자본의 싸움이다 보니 결국 개인투자자들은 패배의 쓴맛을 볼 수밖에 없었다. 심지어 외국자본은 한국 주식시장이 수익을 내기 가장 쉬운 시장이라고 말하기까지 한다.

실제로 내가 주식 500만 원어치를 사도 외국자본이 5억 원이나 50억 원어치를 팔아버리면 그날은 주가가 하락하면서 큰 손실을 보는 것이다. 최근 진행된 공매도 금지는 이런 기울어진 운동장을 바로잡는 대책으로 보면 될 것이다. 주식투자에서도 공부만이 수익의 지름길이다. 부동산처럼 많은 분야의 여러 가지를 알아야 하는 것이 아니라 몇 가지 기본적인 원칙을 지키고 종목을 선택할 때도 원칙대로 접근하면 된다. 단순해보이지만 알면 알수록 더 어려운 것이 주식투자다. 그러나 너무 많은 정보가 아니더라도 단순한 원칙을 지킬 수만 있다면 최소한 내 돈을 지킬 수 있을 것이다. 큰 수익을 위해 욕심내지 말고 잃지 않는 투자부터 해야 한다고 생각한다. 잃지 않는 투자를 했다면 수익이 발생했다는 뜻이다.

단기투자는 세금과 수수료만 많이 내게 되며 큰 수익률을 가져오기 어렵다는 단점이 있다. 그래서 적절히 장기투자해야 한다고 다시 한 번 말하고 싶다. 내가 생각하는 장기투자와 단기투자 비율은 6:4다. 너무 장기투자만 해도 투자의 지루함을 느낄 것이다. 반대로 단기투자만 하면 매일 불안감에 틈틈이 주식시장을 쳐다보거나 밤잠을 이루기 힘들 수도 있다.

거액의 주식투자 대가들은 대부분 이렇게 말한다. "그 종목이 상승할 것 같아 분석했고 수익성이나 성장성에서 어느 정도 확신이 들어 약간 손실이 나도 흔들리지 않았고 그런 기다림과 뚝심이 큰 부를 가져다주었다." 주식은 결코 단기간에 승부를 낼 시장이 아니다. 내 경험상 한두 달 사이에 자금이 필요한데 그 돈으로 주식투자를 하면 원금 유지도 힘들었다. 하지만 그 자금이 당장 필요한 자금이 아니라 시간적인 여유를 갖고 투자했다면 더 큰 수익을 맛보았을 것이다. 이렇듯 주식은 여유자금으로 시간적 여유를 갖고 성장주에 가치투자하는 것이 진리라고 생각한다.

내가 말하는 가치투자는 몇 년을 정해둔 막연한 장기투자가 아니라 일정 목표가의 투지수익이 되었을 때 매도하는 것이다. 현재 시점의 성장업종을 유심히 살펴보아야 한다. 최근 추세는 IT, 반도체, 자동차, 2차전지, 바이오 등이 해외수출이 잘되고 있어 성장산업으로 불리고 있다.

[출처: 전자공시시스템 DART]

* 가치투자 종목을 발굴하는 생활습관

1. 경제신문이나 증권방송을 보며 현실적으로 판단하라.
2. 관심 있는 기업의 홈페이지나 재무제표를 살펴보라.
3. 일상생활 속에서 투자할 종목을 발굴하라.
4. 예측하지 말고 대응하라.

마흔의 힘 한마디!

주식투자의 길은 결코 쉽지 않다. 그래서 주식은 공부와 노력의 결과라고 말하고 싶다. 가치투자를 되새기고 주주가 된다는 생각으로 투자한다면 손실을 안 보는 성공 투자가 가능할 것이다.

05

주식 부자가 된 사람들 이야기

    우리나라 대표 주식 부자들의 인터뷰 내용을 바탕으로 그들이 어떤 점을 중시해 큰 자산을 이루게 되었는지 살펴보면 여러분의 주식투자에 도움이 될 것이다.

※ 다음은 그들의 신문기사 인터뷰를 바탕으로 작성되었다.

① 강방천 회장(에셋플러스 자산운용) : 상식적인 투자와 저평가 주식 공략

'1억 원으로 156억 원을 번 사나이'로 유명하다. 1989년 쌍용투자증권(현 굿모닝신한증권)에서 처음 펀드매니저 경력을 쌓고 기업가치를 분석해 저평가 종목을 발굴하는 투자방식으로 높은 수익을 올린 후 동부증권으로 옮겼다가 1995년 돌연 회사를 그만두었다. 주식투자와 투자자문 일을 자유롭게 하고 싶어 독립한 그는 IMF 외환위기 속에서 종잣돈 1억 원으로 10개월 만에 156억 원을 벌었다. 강 회장은 "나의 투자 성공 역사가 아닌 주식을 대하는 태도를 책에서 읽길 바란다"라고 말했다.

그가 강조한 것은 바로 '상식'이다. 자세히 설명하면 "상식선에서 연결적인 사고를 잘하라"라는 문장으로 요약된다. 1999년 하반기부터 2000년 상반기까지 벤처 붐으로 강남 테헤란 밸리에 닷컴기업들이 몰려들자 일반인들은 앞다퉈 닷컴기업 주식에 매달렸지만 강 회장은 달랐다. 그는 늘어나는 회사들을 보면서 책상 제조업체가 호황을 맞을 것으로 예상했다. 더 나아가 보안장비업체가 뜰 것으로 예상하고 에스원 주식을 매수해 수익을 올렸다.

강 회장의 이런 투자 패턴을 보면 일반인의 상식을 초월했다고 볼 수 있지만 그는 "모든 사물과 현상에 궁금증을 갖고 끊임없이 생각한다면 누구나 가능한 일이다"라고 밝혔다. 그는 책에서 답보다 힌트를 제시했다. 구체적인 상품을 하나하나 거론하며 가치를 설명했다. 자신이 쓴 책 중간중간에는 하나투어, 메가스터디, 웅진 씽크빅, 네이버 등 다양한 브랜드를 일상과 연결해 설명했다. 성공 투자자의 사고법을 간접적으로 보여주는 것이다.

② 김정환 대표(밸류25 대표이사) : 성장 가치기업과 집중투자

가치투자를 추구하는 투자자다. 그가 주식투자 실력으로 큰 시세차익을 거둔 종목은 삼천리자전거였다. 한강시민공원에 가보면 자전거를 즐기는 사람이 많았는데 우리나라의 자전거 보급률이 4%에 불과하다는 사실을 통계를 보고 알게 되었다. 선진국의 평균 보급률이 40%였으니 그것을 기회로 포착했다. 두 번의 투자로 30억 원의 매매차익을 거두었고 원금 7천만 원은 80억 원 자산가로 만들어주었다.

그가 주장하는 투자비법은 무엇일까? 그는 몇 가지 가치투자 방법을 제시한다. 가장 중요한 것은 자산가치가 높은 기업에 주목하는 것이다. 잃지 않는 투자를 위해서는 은행이 돈을 빌려줄 때

고객 자산을 담보로 설정하듯이 개인도 기업 자산을 담보로 투자해야 한다는 뜻이다. 언제든지 현금화가 가능한 자산이 많은 기업은 불안하지 않다는 것이다.

두 번째는 성장가치 기업에 투자하는 것이다. 내가 산 기업의 매출액이 증가하고 영업이익이 늘어야 한다는 말이다. 그런 선순환이 있다면 그 기업은 향후 몇 배의 수익을 안겨줄 것이고 마음 편히 내 자산을 맡길 수 있다. 김 대표는 포트폴리오보다 3~4개 종목에 집중투자했다. 계란을 한 바구니에 나눠 담는 것도 정도껏 해야지 지나치면 계란 바구니 자체를 집까지 들고 갈 수도 없다. 내가 아는 확실한 종목에 투자하면 확신이 생기고 마음이 편하다. 김 대표는 매일 아침 마인드 컨트롤을 하면서 목표가와 분할매도를 생각했다고 한다.

김 대표는 개인투자자들에게 가장 중요한 점은 자신만의 원칙이라고 말한다. 자신만의 매매원칙과 철학을 100% 완성할 수는 없더라도 주식시장의 성격과 정형화된 공식 등을 스스로 여러 번 익혀 그 경험을 바탕으로 자신만의 원칙을 정립해나가야 한다는 것이다.

③ 박영옥 대표(스마트인컴 대표이사) : 자신만의 철학과 생활 속의 주식 공략

박영옥 대표는 주식은 결코 위험자산이 아니며 어려운 것도 아니라고 말한다. 자신만의 투자철학이 필요하고 우리가 일상생활 속에서 경험하고 소비하는 기업 중에서 1등 기업들을 골라 투자하면 된다고 자신 있게 말한다. 철학을 깆고 주식투자를 해야 싱공할 수 있고 그렇지 않으면 투자가 될 수밖에 없다고 말한다.

그는 기업탐방도 필요하다고 주장한다. 안랩의 경우, 디도스 공격 후 급등했던 주가가 조정을 받을 때 보안업종에 대한 궁금증을 풀기 위해 탐방했고 자신만의 소신으로 3년 만에 250%의 수익을 올렸다. 그는 단순히 좋을 것 같다는 생각만으로 주식을 사지는 않는다고 한다. 최대한 직접 탐방해 확인한 후 산다고 한다. 주식을 매수한 후에도 지속적으로 기업 정보를 얻는다. 이것을 소통이라고 부르며 그 소통이 계속되어야 큰 수익을 낼 수 있다고 생각한다고 했다. 이런 확고한 철학이나 기업에 대한 믿음이 없다면 대부분의 개미 투자자가 그렇듯 일시적으로 하락하면 팔게 되고 주가가 상승할 때도 약간의 차익만 실현해 충분한 수익을 못 낸다는 것이다.

중요한 3대 투자원칙

1. 투자기업을 자기 회사로 여기는 주인의식

2. 여유자금으로 중 · 장기 투자

3. 돈과 기업에 애정을 갖고 소중히 여겨야 한다.

박영옥 대표가 주식을 매수할 때의 5가지 기준

1. 업종 전망은 밝은가?

2. 재무구조나 사업모델은 안정적이고 심플한가?

3. 경영자는 누구인가?

4. 저평가되어 있는가?

5. 성실한 공시와 적절한 배당을 하고 있는가?

④ 존리 대표(메리츠자산운용 대표이사): 저가매수와 장기 보유

존리 대표는 우리가 자본주의 시대에 살기 때문에 주식을 해야 한다고 주장한다. 우리나라 사람들은 노동수익에 집착하는 경향이 있으며 노후준비가 전혀 안 된 경우가 많다. 미국은 대부분 중산층이 회사의 스톡옵션 제도 덕분에 재정 여유가 있는 편이라고 한다. 그는 미국에 있는 가족과 떨어져 사는데 한국에 혼자 살면서 자동차를 사지 않고 있다. 그 이유는 대단하다. 그 돈으로 주식을 사는 것이 낫다고 생각하기 때문이다.

존리 대표는 주식을 하지 않고 부자가 될 확률은 0%에 가깝다고 주장한다. 물론 한국은 부동산이 있지만 스타벅스 커피 한 잔 사마실 돈으로 삼성전자 주식을 사라고 말한다. 자동차 살 돈으로 현대차 주식을 사고 소주 사마실 돈으로 소주회사 주식을 사라고 말한다. 이렇게 존리 대표의 마인드는 철저히 주식투자를 권하며 주식은 파는 것이 아니라 지가에 서서 보유하는 것이라고 말한다. 좋은 주식을 사서 보유하면 10배, 20배가 되었을 때 기분 좋게 팔 수 있다는 것이다.

주가 자체의 등락만 따지지 말고 내가 투자한 회사가 영업이익을 얼마나 내는지를 지켜봐야 한다는 것이다. 존리 대표는 주식이 떨어지면 더 기분 좋게 산다고 한다. 어차피 장기보유할 텐데 떨어질수록 더 싸게 살 기회라는 것이다. 그는 "한국인들은 지금 불황이기 때문에 주식투자를 하면 안 된다고 생각하는데 불황이라도 돈 버는 회사가 있으니 그런 회사를 고르는 것이 중요하다. 중국 때문에 한국 기업이 많이 망하겠지만 중국 때문에 새로운 비즈니스도 열릴 것이다"라고 말한다.

사람들은 항상 나쁜 쪽으로 생각한다. 기다릴 줄 알아야 한다. 비가 내리고 눈이 내린 후에야 열매가 열린다. 겨우 5~10% 벌려고 하지 말고 오래 지나야 열매를 거둘 수 있다. 주식은 정말 심각하게 생각해야 하며 한국은 싸고 투자할 만하다고 정리한다. 그는 좋은 회사를 상식적으로 선택한다고 말한다.

존리 대표의 투자원칙

장기투자, 분산투자, 여유자금으로 투자하라.

주식투자를 하라, 좋은 주식을 골라라, 장기투자하라.

마흔의 힘 한마디!

> 슈퍼개미들의 성공 비결은 자신만의 철학과 원칙, 저가매수, 분할매수, 장기투자를 통한 큰 수익이었다. 그들은 자신이 발굴한 종목에 조용히 장기투자하고 있었다. 뉴스에 나오는 종목을 공략할 것이 아니라 나만의 종목을 공부해야 할 것이다.

마흔의 마음 경영

4장

내면까지 성숙한 어른이 되기 위한 마흔 살

[자아성찰력]

01

걷기와 등산으로
사색의 시간을 갖다

　자신이 한 가지 이상 취미가 있는지 생각해보자. 결론부터 말해 취미는 우리 삶에서 필수다. 취미의 목적을 내게 묻는다면 '힐링과 몰입'이라고 말하고 싶다. 2년 전 지인에게서 들은 충격적이고 가슴 아픈 이야기가 떠오른다. 마흔이 채 안 된 보험사 지점장이 능력을 인정받아 어려운 팀으로 오게 되었다. 그런데 팀원들이 어찌나 드세고 지시를 안 따르는지 초반에 스트레스가 많았다고 한다. 하지만 정성껏 사람들의 마음을 사로잡자 팀원들도 그의 진심을 알아주었고 실적도 어느 정도 좋아졌다고 했다. 그런데 몇 달 후 그는 뇌졸중으로 쓰러져 운명을 달리했다.

　지인의 말에 의하면 그는 평소 밝아 보였고 스트레스를 잘 해소하는 것처럼 보였단다. 그런데 어떻게 어린 자녀를 남겨두고 젊은 나이에 그런 불행한 사건이 일어났을까? 그 이유를 조금은 알

것 같다. 자신이 임의로 판단하는 스트레스가 아니라 자기 몸이 생각하는 스트레스를 해소하지 못했기 때문이라고 추측해본다. 우리는 항상 뭔가를 고민하고 선택하며 스트레스를 받지만 정작 자신은 괜찮다며 대수롭지 않게 여기고 극복할 수 있다고 믿는다. 하지만 우리 몸은 굉장히 예민해 그런 자극과 부정적 느낌을 그대로 몸에 축적해 나쁜 영향을 조금씩 받고 있다는 것이다.

그런 의미에서 평소 건강관리를 꾸준히 해야 한다. 대부분의 사람들은 나 자신을 돌아본 적도, 자아를 성찰해본 적도 없지만 자기를 잘 안다고 착각한다. 건강관리와 관련 있는 중요한 점은 사색(혼자 생각하는 시간)하는 시간의 확보다. 즉, 자신만의 취미나 운동으로 건강뿐만 아니라 내면까지 성숙한 사색의 시간을 가져야 한다. 산책, 자전거, 등산, 낚시 등 방법은 다양하다. 필자는 매일 걷기나 주말 산행으로 여유를 느끼려고 노력하며 생각할 시간과 여유를 뇌에 주는 편이다. 그 순간만큼은 아무 생각도 안 하려고 노력한다.

예를 들어, 등산과 걷기뿐만 아니라 낚시를 하더라도 취미로 끝내지 말고 여유까지 찾는 즐거움이 되길 바란다. 땀 흘리며 쉴새 없이 움직이는 테니스나 조기축구를 하다 보면 기분 나빴던 어제 일들을 어느새 머릿속에서 쫓아내는 효과도 있을 것이다. 이렇게 주말에라도 일정한 시간에 땀을 흘려가면서 일주일의 피로와 스트레스를 해소하면 된다. 함께 어울리는 사람들과의 사회생활도 마음의 위안으로 자신을 찾아가는 데 도움이 될 것이다. 인간은 소속감과 유대관계에서 정서적 안정을 느낀다. 그래서 혼자 하는 사색과 함께 사람들과 어울리는 운동도 권하고 싶다.

우리가 성장하기 위해서는 긍정적인 에너지가 필요한데 그냥 마음을 편히 가지라고 한다고 그렇게 되지는 않는다. 우리는 대학 입시, 취업, 결혼, 출산, 육아 등을 거치며 지금까지 살아왔다. 앞만 보고 달려왔고 앞으로도 먼 산 정상을 향해 앞만 보고 달리려고 하고 있다. 하지만 인생은 마라톤처럼 페이스 조절을 해야 하고 제2의 인생을 위해 마흔 언저리에서는 충분한 자아성찰의 시간을 가져야 한다고 생각한다.

마라톤의 반환점이 마흔 무렵이다. 지난 인생을 되돌아보고 향후 인생 설계에 따라 앞으로 40년 이상의 시간이 즐겁고 뜻있는 인생이 될 것이라고 믿는다. 잠시 멈춰 내 발자국을 보라! 그것은 내 건강과 제2의 인생, 가족과 이웃을 두루 살피는 것임을 잊으면 안 된다. 앞만 보고 달려왔더니 어느 순간 내 옆에 아무도 없더라는 말을 들어본 적이 있을 것이다. 인생의 더 큰 그림을 그리고 그에 따른 사색과 성찰의 기회를 만드는 것은 필수다. 당장 내일부터 나와 잘 맞는 취미와 운동을 실천해보길 바란다.

필자와 가장 잘 맞는 것은 매일 만 보 걷기와 주말 산행이었다. 30대 초부터 10㎞ 마라톤도 1년에 몇 번씩 꾸준히 뛰고 있다. 산행과 마라톤은 주말에나 가끔 할 수밖에 없어 평일에는 건강과 사색의 시간을 갖기 위해 퇴근 후 일부러 만 보를 걷는 것이 좋았다. 그 시간만큼은 혼자 생각하며 긍정적인 마인드 컨트롤을 하려고 노력했다. 우리는 긍정적인 에너지를 채우고 남을 도와주면서 성장하려고 노력해야 한다는 것을 알아야 한다. 성공한 사람의 이면에는 치열한 노력이 있었음을 인정할 때 비로소 자신도 성장할 수 있다. 칭찬하고 격려하며 긍정적인 말과 행동을 지속할 때 우리의 인격이 한층 성숙해졌다고 말할 수 있다. 다시 말하지만 산책, 걷기 등은 건강뿐만 아니라 정신적 수련을 위해서도 중요하다. 즉, 자아성찰과 미래의 계획을 생각하는 것은 우리에게 매우 중요하다는 것을 명심하길 바란다.

내가 사는 아파트 근처의 공원은 만 보 걷기에 좋다. 서울이라면 한강변에서 조깅이나 자전거 타기도 좋을 것이다. 전에 서울에 살 때는 매주 토, 일 6시에 기상해 청계산에 가곤 했다. 등산과 걷기는 30대 초반부터 실행했으니 오래된 습관으로 자리잡았다. 걸으면서 산 정상으로 한 발 한 발 내딛으면서 내 일상을 되돌아본다. 반성도 하고 후회도 하고 잘했다고 가끔 위안을 해주기도 한다.

우리나라 사람들은 외세의 침략(?)을 많이 받아서인지 성격이 매우 급하다. 우리는 느림의 미학을 깨닫고 실행해야 한다. 느리게 행동하라는 말이 아니라 마음의 여유를 갖는 시간을 가지라는 말이다. 마흔 이후의 삶에서 자아성찰은 매우 중요하다. 지금 이 상황에서 앞으로 어느 부분을 보완해 큰 그림을 완성하고 세부적인 작은 그림 퍼즐을 맞춰나갈지 생각하는 것은 매우 중요하다는 말이다. 그것은 책을 쓸 때 어떤 컨텐츠로 쓸 것인지 고민하고 구상하는 단계와 비슷하다.

어떤 목표를 설정할 때는 큰 그림이 있고 그에 따른 구체적인 작은 그림이 있어야 한다. 그렇지 않으면 자꾸 흔들려 갈팡질팡하고 시간만 허비하게 된다. 자아성찰 단계가 끝났다면 내가 갖춰야 할 인생을 살아가는 힘을 구체적으로 준비해야 한다. 나를 알아보는 자아성찰은 평생 조금씩 계속되어야 한다. 나에 대해 깊이 사색했다면 그 후에는 조금씩 변화하는 나 자신의 정신세계를 감지하는 것만으로도 충분하다.

이 책을 읽는 독자들은 이번 주말 잠시 멈추고 혼자 여행가거나 공원산책 등을 즐겨보길 권한다. 평소 이런 묵상, 명상, 차 마시기를 잘 실행하는 분들은 지금처럼 꾸준히 진행하면 된다. 아침에 혼자만의 시간을 갖는 명상은 매우 중요하다. 뭐든지 자신이 주도적으로 노력하지 않으면 효과가 없고 비용도 많이 든다는 사실을 기억하길 바란다.

필자는 여러분이 내일 당장 새벽 5시에 기상해 걷거나 달리는 실행력이 중요하다고 생각한다. 주말마다 산이나 바다에 가 건강과 자아성찰을 실행하는 것도 중요하다고 생각한다. 그 중심에는 자신의 의지가 가장 중요하다. 의식적으로 마음을 편히 갖고 마음을 내려놓는 연습을 해야 한다는 것이다. 그것이 지혜로운 삶이고 건강하게 나를 찾으며 한 발 더 내딛는 자아성찰의 지름길이다.

❖ 사색하면서 걷기 좋은 산책길 ❖

- 서울 둘레길, 북한산 둘레길, 한양 성곽길
- 남한산성 둘레길
- 제주 올레길
- 미사리 자전거길

❖ 혼자 조용히 차 마시기 좋은 여행 명소 ❖

- 경주
  - 천년고도 첨성대, 석굴암, 천마총, 불국사 등 역사의 흔적과 더불어 여유롭게 즐기면서 현재가 아닌 과거로 돌아가 경주를 걸어보자!

- 강릉
  - 정동진에서 모래시계 촬영지도 보고 레일바이크를 타며 기분 좋은 시간!
  - 안목해변에서 내 취향대로 카페를 골라 바다를 바라보며 혼자 생각하기!

- 군산
  - 새만금 방조제에서 바라보는 서해 일몰은 장관 중의 장관!
  - 넓은 새만금 방조제에서 내 마음을 툭 터놓고 일몰을 바라보자!

- 순천, 여수
  - 여수 밤바다를 흥얼거리며 낭만 포차 거리와 오동도를 1박 2일 여행하는 것을 추천!
  - 순천만 국가 습지공원도 힐링하며 사색하기에 좋은 장소다.

일주일 템플스테이 [전국 139개 사찰]

- 전국 템플스테이: '참된 나'를 위한 행복 여행

- 서울 은평구 진관사

  • 국내 사찰 중 사찰음식으로 유명한 곳

  • 조선시대 임금들이 의식에 참여했던 곳으로 사찰 음식문화가 발달한 곳으로 사찰음식 체험, 안행, 연꽃등 만들기 등의 즐거운 활동

  • 조미료가 들어간 일상의 음식과 달리 간단하고 소박한 재료로 자연의 풍미를 즐기고 영양도 우수

  • 서울이어서 쉽게 참여할 수 있다는 장점

- 강원도 평창 월정사

  • 오대산에 있으며 '비움'의 미덕을 배울 수 있는 곳

  • 많이 들어본 발우공양과 사찰예절 프로그램을 진행하며 타종체험, 108배, 명상, 전나무 숲길 걷기 등 체험

- 전남 해남 미황사

  • '참사람의 향기' 프로그램으로 유명함

  • 1박 2일 프로그램도 있지만 '참사람의 향기'는 한 달 중 7박 8일 동안 진행

- 참선 수행, 묵언, 오후 불식, 법문, 수행 문답, 다도 프로그램 구성
- 말이 필요한 상황 외에는 하지 않아 답답할 수도 있고 식단도 평소 먹는 것보다 부족하지만 나에게 집중할 수 있는 시간!

− 충남 공주 마곡사

- 체험형, 자율형, 심화체험형 3가지 프로그램
- 체험형은 주말 1박 2일로 정해진 순서대로 진행
- 자율형은 템플스테이 프로그램 몇 가지를 선택해 진행
- 심화체험형은 군왕대 오르기와 3천 배 참여 가능

− 경북 경주 골굴사

- 선무도 수행체험이 특징
- 많은 사람이 골굴사에서 템플스테이를 하는데 전국 사찰 중 외국인 참여율이 가장 높음
- 요가와 기공으로 시작해 저녁부터 본격적인 선무도 후 하루를 마무리
- 힘들지만 몸과 마음 단련에 좋음

[출처: 템플스테이 홈페이지(https://www.templestay.com/)]

마흔의 힘 한마디!

> 마흔 즈음 잠시 멈춰 내 발끝을 보자. 나는 어디로 가고 있으며 무엇을 어떡하려고 뛰어가고 있는가? 걷기, 묵상, 등산, 템플스테이 등 뭐든지 좋다. 일상 속의 지속적인 자아성찰이나 수련원에서의 깊이 있는 고민도 좋다.

02

과거의 나의 발자국과 앞으로의
나의 길을 생각해보다

현재의 내 모습은 과거의 내가 살아온 결과물이라고 한다. 맞는 말이다. 마흔에 접어든 지금 우리는 과거의 발자국을 되돌아봐야 한다. 그것이 앞으로의 발전을 위한 것으로 활용되어야 한다. 세상을 바라보는 관점과 안목은 우리에게 전혀 다른 길을 제시할 수도 있다. 그런 관점은 과거의 나의 역사를 되돌아보며 잘된 점, 행복했던 점, 부족했던 점, 후회했던 점 등을 기록해보고 그 안에서 나는 어떤 사람인지 살펴보는 데서 시작된다. 우리가 역사 공부를 중시하는 이유를 나 자신을 되돌아보는 이유와 비교해보면 이해가 될 것이다.

직장생활 전략이나 비즈니스 전략을 세울 때도 나는 어떤 사람인지, 장·단점, 외부 기회 요인, 위협 요인을 파악하는 SWOT 분석이 매우 중요하다. 잘된 부분이나 후회하는 부분만 생각하면 안 된다. 잘된 부분은 그것대로 성공사례와 자신감으로 승화시키고 내가 부족해 안타까웠던 부분은 '절차탁마'의 기회로 삼아야 한다.

역사를 살펴보면 세계대전의 전범국인 독일과 일본은 전혀 다른 행보를 보였다. 독일은 역사를 되돌아보며 반성하고 역사 유적지를 통해 다시는 범하면 안 되는 반성의 계기로 삼았지만 일본은 자신의 역사를 부끄러워하거나 반성하지 않고 군사력을 강화하려는 야심을 계속 갖고 있어 국제적 비난을 받아왔다. 또한, 그리스와 이태리는 훌륭한 문화유산과 제국의 역사를 자랑스러워하고 그 문화유적을 지금도 잘 보살피고 발전시키고 있다.

나이를 먹는다고 갑자기 성숙한 어른이 되는 것은 아니다. 앞으로 나아갈 준비가 된 사람도 있지만 자신을 아직 파악하지 못한 사람이 훨씬 많다. 그래서 여러 활동을 통해 나를 되돌아보는 것부터 실천해야 한다. 그 행동이 끝나면 많은 경험과 지식을 통해 나 자신을 한 단계씩 차근차근 발전시켜야 한다. 그 출발점의 하나는 나의 과거를 되돌아보고 희로애락의 굴곡을 내 것으로 받아들이는 데서 시작된다. 물론 그동안의 경험과 지식은 각자 다르므로 그에 따라 대응해야 한다. 그러나 자신이 의도한 대로 순조롭게 살아왔다고 해서 자아성찰이 필요없다고 생각하면 안 된다.

지금까지의 인생이 흙수저였든 금수저였든 지금 이 순간 그것은 중요하지 않다. 다만, 내가 과거를 경험 삼아 현재 인생을 어떻게 살고 미래에 어떻게 살아갈지 판단하는 것이 중요할 뿐이다. 앞으로 살아갈 날이 더 많기 때문이다. 선인들이 거듭 말했듯이 과거에 집착하면 밝은 미래는 절대로 없다. 자신의 현재 위치를 극복하기 위한 내공을 키우는 것도 포함된다. 우리 인생은 출발점은 달라도 마라톤을 함께 뛸 수 있다는 데부터 행복을 느껴야 한다. 부정적인 생각으로는 절대로 자신을 이길 수 없고 남을 칭찬하거나 선한 영향을 미칠 수도 없음을 기억하길 바란다.

자기경영은 어제오늘의 일이 아니다. 해외 유명 저자도 많지만 우리나라에서도 자기경영 분야의 탁월한 책들이 많다. 나는 특히 구본형 님의 책을 좋아한다. 나는 〈마흔 셋에 나시 시작하다〉, 〈그대 자신을 고용하라〉 등을 읽고 큰 감명과 깨달음을 얻었다. 결국 자신을 잘 성찰해 효율적인 최고 성과로 만드는 것이 자기경영의 핵심이다. 사실 나 자신의 과거를 냉철히 되돌아보면 후회가 더 많을지도 모른다. 잘한 선택은 당연시하는 것이 인간의 본성이기 때문이다. 그것을 극복해야 한다. 자신을 더 객관적으로 바라봐야 한다.

주식을 매수·매도할 때도 그런 심리가 잘 드러난다. 팔고 나면 떨어지거나 흐름이 안 좋은 주식을 볼 때는 크게 의식하지 않고 더 올라가면 아쉬움이 남고 후회하는 경우가 그것이다. 인간의 탐욕은 결국 자신을 망친다. 성장하는 데 평정심의 중요성을 느낄 때가 많다. 자아성찰도 결국 자신의 과거와 현재를 얼마나 객관적으로 바라보느냐에 달려 있다. 이 능력이 부족한 사람들은 코칭이나 교육을 받으면 되지만 코칭을 받더라도 결국 자신이 미래 계획을 주도적으로 수립해야 하며 변화는 자기 몫이다. 거듭 말했지만 자신을 잘 성찰하면 우왕좌왕하지 않고 목적지로 가는 시간이 더 절약될 수 있다. 단언컨대 자신의 가슴 아픈 과거조차 돌아보는 것은 분명히 의미가 있을 것이다. 자신을 되돌아볼 때는 좋았던 것만 보면 안 된다.

그 실수와 후회의 감정을 되돌아보는 것은 앞으로 최적의 선택과 결과물을 위해서다. 반면교사로 삼아야 하기 때문이다. 결국 그 과거 발자국에서 나의 강점과 약점, 가능성과 위험요소를 판단하는 지혜가 필요하다. 그것이 우리가 흔히 하는 SWOT 분석이다. 그것에 따라 인생 스케줄이 결정된다. 잘 분석했을 때 현재의 스케줄이 나오고 미래의 큰 그림이 나온다는 것을 잊으면 안 된다.

나는 친한 친구들에게 인생의 큰 그림을 그려보라고 말한다.

돈이 많으면 좋겠다거나 언제까지 어떤 성과를 내겠다는 계획을 세우는 사람은 많지만 어느 방향으로 인생을 살아갈지는 깊이 생각하지 않는다. 우리는 나의 5년 후, 10년 후 목표가 분명해야 한다. 그래야 그 과정이 덜 지치고 더 즐거울 수 있다. 내가 일정 금액의 부를 축적하면 선한 영향을 미치겠다는 포부가 있듯이 그런 큰 그림이 있어야 사소한 파도에 흔들리지 않는다. 필자는 우리가 추구하는 인생의 가치가 돈이 아니라고 굳게 믿는다. 돈은 행복으로 가는 과정이자 수단일 뿐이라고 믿는다. 그러려면 큰 그림이 있어야 한다.

"50억 원 부자가 되자" 이렇게 쓰지 말고 그와 관련 있는 비전이 있어야 한다. 50억 원이 생긴다면 어떻게 살아갈 것인지, 50억 원이 생기도록 어떡할 것인지를 항상 염두에 두어야 한다. 인생의 큰 항로가 결정되었다면 그 길로 가기 위한 여러 작은 그림을 적어보아야 한다. 그 작은 그림이 모여 큰 그림으로 가는 원동력이 되는 것이다. 지금 당장 종이나 노트북에 내가 살아온 발자국을 그려보라. 그 직선이 때로는 시행착오를 만나 곡선이 될 수도 있지만 길게 보면 목표로 가기 위한 긴 직선으로 보이는 날이 반드시 올 것이다.

이 모든 지식을 접한 사람들조차 일상에 바쁘다 보면 사색할 시간을 갖기 어렵다. 하지만 그 과정을 일찍 터득한 사람들은 나이와 상관없이 더 일찍 현인이 되었음을 알려드리고 싶다. 더 일찍 나를 알고 세상을 안다면 좋은 것 아닐까? 과거 나의 역사를 보면서 그것을 절대로 부정하지 말라! 변명하지 말라! 그럼 후퇴하는 것이다! 앞의 사례에서도 보았듯이 과거를 부정하거나 합리화하면 현재와 미래에 대한 계획을 세우는 것이 어렵다는 것을 깨달을 것이다. 과거를 인정하고 싶지 않아도 인정해야만 한 발 더 내딛을 수 있기 때문이다.

과거의 내 발자국을 보면서 비틀거리며 걷지 않았는지, 잘못된 방향으로 간 것은 아닌지 성찰해야 한다. 올바른 시선과 습관은 계속 그를 반듯이 걷게 하지만 잘못된 고집과 습관은 그를 술취한 사람처럼 자꾸 비틀거리게 만들기 때문이다.

* 좀 더 강한 나를 찾기 위해 실천해야 할 습관

1. 나의 부족한 점을 받아들이는 연습
2. 도전을 두려워하지 않고 실행하는 연습
3. 자존감과 자기 긍정을 갖는 연습
4. 힘들수록 웃을 수 있는 여유와 유머 감각

▶ **실습**

– 과거 내가 걸어온 길에 대한 물음표 5가지를 적어보자!

1. _____

2. _____

3. _____

4. _____

5. _____

– 미래를 향해 내가 펼쳐야 할 물음표 5가지를 적어보자!

1. _____

2. _____

3. _____

4. _____

5. _____

"마흔이 되면 마음에 지진이 일어난다. 진정한 당신이 되라는 내면의 신호다"라고 했다. 이 시기에 많은 사람이 우울증, 삶의 의미 상실, 신체변화, 외도, 이혼 등을 겪는다. 마흔이 되면 왜 삶 전체가 흔들리는 듯한 혼란이 오는 걸까? 정신분석가 제임스 홀리스는 그 이유를 진정한 자신에게서 멀어진 채 살아왔기 때문이라고 지적한다. 따라서 그는 마흔의 위기를 극복하는 방법은 나를 찾아가는 과정이기도 하다고 말했다.

- 제임스 홀리스의 〈내가 누군지도 모른 채 마흔이 되었다〉 중에서 -

마흔의 힘 한마디!

현재의 내 모습을 더 냉정히 돌아본다면 앞으로 나아갈 나의 길에 대한 생각이 분명해진다. 오늘 하루 작은 일상이 모여 5년 후, 10년 후의 나를 만든다는 점을 기억하자. 그리고 이번 주말 혼자 생각해보는 시간을 가져보며 자신과 대화해보길 바란다.

03

현재를 받아들여야
미래 계획이 생산적이다

마흔은 많은 것을 갖춰야 하고 앞으로 어떻게 살아갈지 많은 생각이 드는 시기다. 회사 내에서도 팀장급이 되어 실무진을 이끌고 책임을 져야 하는 나이다. 연봉이 높아진 만큼 부담도 커지고 직장생활의 염증도 느끼는 시기가 이때이며 무엇을 위해 살아가야 할지 숙고하는 시기도 이 무렵이다. 더 주도적으로 살고 싶다는 생각이 많이 들 때다. 그 시작은 과거의 나로부터 이어진 나 자신의 발자취를 인정하는 데서 출발한다.

내 안에는 현재의 좋은 모습과 부족한 모습 둘 다 있는데 대부분 좋은 것만 받아들이고 인정하려고 한다. 부족한 모습은 내 모습이 아닌 것처럼 생각하거나 지나치려고 한다. 앞에서 언급했듯이 돈은 삶의 목적이 아니라 행복해지기 위한 수단이라고 필자는 생각한다. 그래서 수백억 원이 있더라도 삶의 방향성이 없다면 진정한 부자도 아니며 그에 따른 만족과 행복도 느끼기 어렵다고 생각한다.

만약 여러분이 '생각하는 시간'을 갖고 '나를 알아가는 시간'을 충분히 가졌다면 앞으로 어떻게 살아갈지 생산적이고 효율적인 계획을 세워야 한다. 그러기 위해서는 외부 기회 요인과 위협 요인을 받아들이고 변화에 더 신속히 대처해야 한다. 시대 흐름을 알아야 그에 따른 성숙한 어른이 되기 위한 성장계획이 될 수 있다는 뜻이다.

미래계획을 세울 때는 나의 목표와 비전이 분명해야 한다. 추가로 나의 미래계획에 선한 영향을 미치겠다는 것도 포함해야 한다. 그렇게 생각하지 않는 분들도 있겠지만 이 마인드는 생각보다 매우 중요하다고 생각한다. 선한 영향은 돈이 많아야 실천할 수 있다고 생각하지는 않는다. 기본적으로 세상에 대한 감사의 마음이 바탕이 되어야 하고 내 가족과 이웃에게 조금이라도 베풀어야 한다는 마음이 담겨 있어야 한다.

미래의 목표를 세우는 데 현재만큼 중요한 것은 건강한 신체와 건전한 정신이다. 신체가 건강해야 건전하고 진취적이고 실행력 있는 행동이 따를 수 있기 때문이다. 계획적인 목표관리도 중요하다.

'1만 시간 법칙'이 아니더라도 100일 동안 좋은 습관을 실천한다면 이후 나도 모르게 좋은 습관이 몸에 밸 것이다. 나는 스케줄을 시간대별로 체크하지는 않지만 연간목표, 월간목표, 주간목표는 체크한다. 각각 얼마나 실행되었는지 체크하지 않으면 그 목표를 놓치거나 나도 모르게 포기하기 때문이다. 필자도 이런 습관이 생기면서 매일 나 자신의 자기계발을 위해 무엇을 할지 되돌아보게 된다.

포스트잇으로 매일 할 일을 적어보는 습관도 중요하고 아침마다 반드시 이루고 싶은 내용을 100번은 아니더라도 최소한 10번 외쳐보는 것도 필요하다. 우리가 가진 에너지도 계속 반복적으로 세뇌시키지 않으면 식어버리는 경우가 많으므로 무슨 일이든 짧은 시간에 집중해 끝내는 습관을 들여야 한다.

사실 주간목표나 월간목표를 다 이루지 못하는 것이 정상이며 실천하다 보면 우선순위에 따라 덜 중요한 것은 실천할 필요성이 적어 달성하지 못할 수도 있다. 결과도 중요하지만 일일 계획을 세움으로써 자신을 더 진취적이고 올바른 방향으로 향하도록 만드는 효과를 끌어낸다. 작은 그림 퍼즐을 맞추려면 하루하루 알차고 보람되게 살아야 한다. 그러지 않으면 작은 그림이 절대로 다 맞춰지지 않아 큰 그림으로 나아갈 수 없다.

부자들은 돈보다 시간을 더 소중히 여긴다고 한다. 부자이기 때문에 그럴 수도 있지만 원래 시간을 금처럼 소중히 여기고 효율적으로 쓴 사람이 돈을 많이 벌었다는 사실을 증명한다. 우리는 하루에 많은 일을 할 수 있지만 이런저런 이유로 못할 수도 있다. 중요한 것은 자신의 마인드와 습관이다. 수많은 자기계발서에는 새벽 기상과 같은 좋은 습관과 매일매일의 반복적인 글쓰기 등이 중요하다고 쓰여 있다. 그런 습관이 쌓여 결국 미래의 나를 만들기 때문이다.

내가 부지런한지, 게으른지, 시간 경영, 지식경영, 목표경영을 얼마나 하고 있는지, 미래를 위해 에너지를 꾸준히 얼마나 쓰고 있는지 등의 현재 나의 지표를 파악하는 것은 매우 중요하다. 현실을 받아들이는 것은 생각보다 어렵고 훨씬 중요하다. 오늘부터 우리가 할 일은 현재의 내 모습은 과거의 내 행동과 노력의 결과물임을 명심하는 것이고 앞으로 나아가기 위해 과거를 반성하면서 받아들이는 것이다. 그리고 나서 앞으로 어떡할지 생각하는 시간이 필요하다.

마흔 갈림길에서 이직하거나 사업을 시작한다고 모든 것이 해결되지는 않는다. 다른 것이 내 문제를 해결해주는 것이 아니라 내 안에 잠재된 것들에서 답을 찾아야 미래 계획이 생산적이라는 것을 기억하는 것이 가장 중요하다. 내게 적합한 것이 A인데 남들이 B를 해서 성공했다고 무작정 B를 쫓아가면 안 된다는 말이다.

끝으로 더 생산적인 미래 계획 수립을 위해서는 상호 관계를 잘 맺는 법을 알아야 한다. 과거와 현재로부터 부족한 나를 인정하는 데서 출발해 상대방을 너그럽게 받아들이는 아량과 관계 형성 과정이 필요하다는 말이다.

마흔의 힘 한마디!

마흔 이후의 계획을 효율적으로 세우려면 과거와 현재의 연장선에서 자신을 냉정히 받아들여야 한다. 급변하는 시대에 발맞추려면 자신을 잘 알고 대인관계와 외부 요인도 잘 살펴보길 바란다. 우리 인생의 방향도 결국 SWOT 분석에서 시작된다.

04
내가 결정하고 책임지고 해결한다

나이가 들면 어느덧 자신의 결정에 책임을 져야 할 시기가 온다. 그 나이가 마흔 무렵이라고 생각한다. 20~30대에는 부모의 그늘에서 보호받으며 부모 의견의 영향을 많이 받지만 40대 이후는 어엿한 가장으로 초·중학생 자녀를 둔 시기다. 이 시기에는 작은 결정이나 큰 결정 모두 더 이상 남의 탓이나 책임이 아닌 자기 몫과 자기 책임이 된다. 이제 누군가와 상의할 수는 있지만 자신이 직접 결정할 일들이 많아지고 그 결과에 책임도 져야 한다.

어디로 이사갈지도 고민하다가 자신이 최종 결정해야 하고 회사를 이직할 때도 자신의 미래 계획을 세우고 신중히 결정하고 그에 따른 책임을 져야 한다. 새로 사업하는 것도 마찬가지다. 그런 책임이 나쁘거나 부담스러운 면만 있는 것은 아니다. 자신이 주도적으로 의사결정해 판단력을 기르고 가장으로서 혼자 세상을 살아갈 내공을 기르는 것이다. 그런 결정과 경험이 모이면 한 단계 성장하고 그 결정에 따른 열매도 자신의 결과물로 귀결될 수 있다고 본다. 자신감을 얻을 수 있다.

필자의 예를 들어보자. 필자는 30대 중반에 두 번 이직했다. 약 16년 동안 두 번의 이직 사이의 여러 고민은 당시는 힘든 고민과 선택이었고 이직 후 잠시 후회한 적도 있었다. 그러나 지금 와서 보면 한 군데 직장보다 같은 분야더라도 여러 직장을 다녀본 경험이 소중한 삶의 경험과 기록이 되었다. 그런 결정들이 당시는 미래가 불확실해 주변의 우려도 있었지만 자신의 큰 그림과 의지가 있다면 충분히 좋은 결정이며 그 결과들이 더 빛나기 위해 하루하루 충실히 살기 위해 노력해야 한다. 그래야 과거의 결정들이 결국 현재의 성장한 나를 만들 수 있다고 볼 수 있다.

필자의 친구 중 한 명은 지방 근무를 하면서 가족과 떨어져 지내는 것은 물론 자기계발을 할 시간도 부족해 나아갈 방향도 없이 지내는 것처럼 보인다. 그 과정이 빛나려면 현재의 상황을 즐기거나 더 나은 미래를 위해 분주히 노력해야 한다고 생각한다. 그래야만 현재의 약간의 불편함이 좋은 추억으로 남을 것이다. 물론 그것은 내 시각일 수도 있지만 세상도 비슷하게 변하고 있다. 직장을 다니면서 자기계발을 안 하면 퇴직 후 할 일이 없거나 수익이 안 되는 비즈니스밖에 못 한다는 사실을 알아야 한다. 무작정 퇴직금으로 창업해 성공할 확률이 얼마나 되겠는가? '아는 만큼 보인다'라는 말이 있다. 아는 것과 행동하는 것 둘 다 지금이라도 실천하길 바란다.

직장생활을 부정하고 싶은 생각은 없다. 내 말의 핵심은 직장을 다니더라도 자신만의 브랜딩이나 가치를 극대화하도록 노력하라는 것이다. 엑셀이나 파워포인트를 잘 다루는 것도 회사에 다니며 자신만의 경쟁력과 무기가 된다. 잘하는 사람이 너무 많지 않냐고 반문할 수도 있지만 잘하는 것과 실제로 그것을 누군가에게 가르칠 플랫폼을 만드는 것은 다른 문제다.

직장에서의 의사결정 말고도 살아가면서 결혼, 이사 등 중요한 선택의 순간이 많다. 필자도 취업할 때 외에도 결혼할 때 좋은 배우자를 만나기 위해 많이 생각했고 서울에서 경기도로 이사할 때도 많이 고민했다. 물론 혼자 끙끙대며 결정하고 선택하라는 말이 아니다. 주위 사람들의 조언은 큰 도움이 될 수 있다. 절대로 나 혼자 세상을 올바로 잘 살 수는 없다. 그럼에도 마흔 이후는 주도적인 선택 결정력이 필요하다는 뜻이다. 내 배우자, 부모님, 멘토 등은 믿고 의견을 물어볼 수 있는 든든한 존재다.

마흔 무렵은 내면의 이런 갈등과 결정이 알게 모르게 반복되어 자신의 역량이 되고 그 역량은 인생의 경험치로 차곡차곡 쌓인다. 그것이 바로 삶의 깊이이자 내공이다. 마흔으로 가는 길목에서 좋은 결정과 행운이 따라 좋은 방향으로 직장, 가정, 인생이 나아갈 때도 있다. 부와 명예를 얻고 안정적인 자아를 형성하며 모든 일이 잘 풀릴 수도 있다. 우리는 지금도 이직, 사업, 재테크, 이사 등 수많은 큰 결정을 앞두고 고민하고 있다. 이 시기에 잘못된 결정으로 40대 이후에 무너지거나 자기관리에 실패해 건강을 잃기도 한다. 이 모든 것은 자아성찰의 실패에서 발생한다. 자신을 냉철히 분석해 진로나 의사결정을 해야 하는데도 그러지 못한 경우가 많다. 자아성찰은 남이 해주기보다 자신에게 더 면밀히 자문함으로써 해야 한다고 생각한다.

바둑을 둘 때 우리는 어떡하는가? 한 수 앞만 보면 질 수밖에 없다. 최소한 2~3수 앞을 내다보고 착점해야 최종 승자가 될 수 있다. 내가 좋은 선택을 하려면 명확한 목표가 필요하다. 결정이나 선택은 그냥 오는 것이 아니라 목표로 나아가면서 그 시기와 만나는 것이다. 경영학의 메트릭스 모형을 통해 시급하고 중요한 것을 분석하는 것도 도움이 된다. 목표를 달성하려면 기록도 매우 중요하다. 연간목표, 월간목표, 주간목표를 정해 그대로 움직이려고 노력하는 것이다.

매일 실행해야 할 목표를 아침마다 포스트잇에 적어 10번, 50번, 100번씩 간절히 외치면 자신도 모르게 그 간절함의 힘으로 하루를 살아갈 수 있다고 한다. 열정과 간절함 없이 성공한 사람은 거의 없다고 본다. 미친 듯한 성실함으로 꾸준히 밀고 나가는 것만큼 위대한 도전은 없다.

또한, 성숙한 사람은 잘된 사람을 시기하는 것이 아니라 그 길을 따라가기 위해 노력하고 그를 존경하는 법을 배운다. 그럼 자신도 모르게 그를 닮아간다는 것을 깨닫게 된다. '이 정도면 되겠지?'라고 생각하는 순간 성공 경로에서 조금씩 벗어난다는 것을 기억하길 바란다. 노력하지도 않고 부나 명예를 이룬 사람은 아무도 없다고 보면 된다. 그렇게 생각하면 마음이 한결 편해지면서 내일부터 새로 출발할 용기가 생길 것이다.

✻ 더 강한 나를 찾기 위해 실천해야 할 습관

1. 나의 부족한 부분을 받아들이는 연습
2. 도전을 두려워하지 않고 실행하는 연습
3. 자존감과 자기 긍정을 갖는 연습
4. 힘들수록 웃을 수 있는 여유와 유머 감각
5. 어렵거나 두렵지만 배울 것이 많은 롤모델을 찾아가는 행동
6. 부정적인 생각에서 벗어나는 긍정 연습
7. 내가 강하다고 인식하는 연습
8. 지속적인 인적관계를 만드는 연습

> 고수들은 조금 일하고 많이 번다. 남들과 다르려면 오랜 경험, 학습, 지식 축적이 필요하다. 시간, 자원, 정신력을 집중할 수 있어야 한다. 천천히 하면 안 되는 일을 걸러내야 한다. 그래야 절대시간을 확보하고 쓸데없는 일에 에너지를 허비하지 않는다. 남는 시간을 자신이 잘하는 일, 하고 싶은 일, 잘할 수 있는 일에 집중해야 한다.

– 한근태의 〈일생에 한 번은 고수를 만나라〉 중에서 –

마흔의 힘 한마디!

이제 자신이 주도적으로 결정할 능력과 지혜를 가져야 한다. 주변에서 좋은 사람을 만나는 것도 결코 운이 아니라 준비된 능력이라는 것을 알아야 한다. 내가 결정하고 선택하고 후회하지 않으려면 성숙해져야 한다.

05

제2의 인생을 살기 위한
마음가짐과 감사의 마음

　마흔 이후에는 한 단계 성숙한 어른으로 살아가야 한다. 기분에 따라 하루의 태도가 달라지거나 삶의 지향점이 흔들리면 안 된다. 그런 태도는 육체적 건강과 정신적 건강이 결합되어야 긍정적인 마음으로 이어진다. 더 행복한 삶을 위해 제2의 인생에 도전한다면 근심을 줄이고 남의 말에 상처받거나 일희일비하지 않는 것이 좋다. 불필요한 걱정은 낭비다. 차라리 그 시간에 작은 도전을 하거나 자신만의 좋은 습관을 지속하는 것이 훨씬 생산적이다.

　필자도 20~30대 시절 항상 마음이 흔들렸던 것 같다. 지금은 잘 이해되지 않지만 당시는 그랬다. 현재에 만족하지 못하고 불평불만이었지만 그런 태도를 모두가 알아주거나 위로해주지 않았다. 그냥 불만스러운 내 태도에 불과했기 때문이다. 그 작은 불만들은 하루를 망친다. 다른 부서는 8시까지 출근인데 우리 부서만 7시까지 출근인 회사에서 약 2년 동안 지낸 적이 있다. 상대적으로 더 피곤하고 손해본다는 억울한 심리 때문에 아침부터 기분이 별로 좋지 않았지만 당시 지금과 같은 긍정적인 마인드와 감사의 마음이 있었다면 정신적, 육체적으로 훨씬 덜 힘들었을 것이다. 오히려 그것을 즐기며 업무계획을 세우는 데 아침 시간을 잘 활용했을 것이다.

자신의 감정을 조절하지 못해 화를 내거나 흥분하기보다 이성적이고 합리적인 태도가 자신에게도 훨씬 큰 이익이라는 것을 알길 바란다. 그런 태도는 나를 아껴주는 주변 사람들도 떠나게 만든다는 것을 기억하자. 긍정적인 마인드 컨트롤이 안 되고 부정적인 에너지만 있다면 매력적이지 못해 사람들이 피하게 되고 상대방의 좋은 기운까지 빼앗아간다. 반대로 긍정적인 마인드를 가지면 능력이 좀 떨어져도 매력적인 사람으로 성장할 가능성도 보이는 것이다.

오늘 나 자신이 어떤 사람이었는지 생각해보길 바란다. 앞에서 언급한 과거 성찰과 현재를 받아들이는 것, 좋은 미래를 계획하는 것보다 먼저 갖춰야 할 것이 있다. 긍정적인 감사의 마음이다. 감사일기를 들어본 적이 있을 것이다. 독서일기처럼 감사일기는 큰 효과를 발휘한다. 아침에 다이어리를 쓰면서 감사일기를 세 줄 이상 남기면 나도 모르게 감사할 일들을 생각하고 하루를 긍정적으로 살 수 있을 것이다. 그래서 하루를 시작하면서 아침에 쓰는 것이 좋다. 어제 감사했던 일들을 생각하면서 기록하거나 평범한 일상에 감사하는 글을 써보라. 사소한 것도 좋다.

현재의 내 위치에서 감사할 줄 알고 긍정적이고 합리적인 태도를 견지하면 미래의 최종 승자가 될 수밖에 없다. 그 승리는 타인의 평가가 아니라 자신의 자존감과 만족으로 채워질 것이다. 제2의 인생으로 도전과 실천의 삶을 원한다면 지금부터라도 걱정은 멈추고 감사의 마음을 갖도록 노력하라. 그보다 먼저 정신적인 마음가짐만큼 육체적 건강관리도 필수다. 앞에서 언급했듯이 산책이나 등산 등으로 자아성찰과 육체적 건강도 꾸준히 유지해야 한다는 것을 기억하길 바란다.

그리스 철학자 헤라클레이토스는 "변하지 않는다는 법칙을 제외하면 모든 것은 변한다. 인생은 끊임없는 변화이므로 확실한 것은 오늘뿐이다. 끊임없는 변화와 불확실한 미래, 아무도 결코 예측할 수 없는 미래의 문제를 해결하기 위해 오늘을 사는 아름다움을 망칠 이유가 있는가?"라고 말했다. 오늘 아침 감사일기를 쓰며 다시 한 번 이 명언을 기억하고 마흔 이후 더 잘살기 위해 가져야 할 마음가짐을 체크해보자.

10가지 체크리스트

1. 나는 긍정적이고 합리적인 태도를 가졌는가? (　)
   매일 아침 감사일기를 3가지 이상 쓰면 조금씩 달라지는 내 모습을 볼 것이다.

2. 나는 이웃과 성장하며 소통할 준비가 되었는가? (　)
   블로그나 인스타그램에 하루 3개 이상 댓글을 달면 소통이 시작된다.

3. 나의 삶의 본질, 큰 그림을 향해 나아가고 있는가? (　)
   삶의 궁극적 가치는 돈이나 명예가 아니라 행복임을 기억하자. 돈과 명예는 행복해지기 위한 과정일 뿐이다.

4. 나는 일상과 생각을 기록하며 아이디어를 생산하고 있는가? (　)
   작은 수첩을 가져 다니면서 떠오르는 아이디어를 즉시 메모하라. 그것이 모여 컨텐츠가 되고 자신만의 차별화가 될 것이다.

5. 나는 간절함과 꾸준함이 있는가? (　)
   때로는 극한의 상황이 나를 성장으로 이끌어줄 수 있다. 꾸준함을 위한 나만의 체크리스트를 매일 밤 기록하라.

6. 나는 진취적으로 계획을 수정해가면서 보완하고 있는가? ( )

처음부터 완벽한 계획은 없다. 매일 써가면서 수정하라.

7. 나는 작은 도전과 좋은 습관을 쌓아가고 있는가? ( )

최소 21일, 최대 100일의 습관을 지속적으로 3가지씩 도전하라. 그것만으로도 1년 후면 9가지 이상의 좋은 습관이 생길 것이다.

8. 나는 하루 경영, 주말경영을 통해 시간관리를 잘하고 있는가? ( )

시간관리를 하지 않으면 성장하기 어렵다. 다이어리를 계속 피드백하라.

9. 나는 때로는 리스크를 감수하고 눈앞의 즐거움을 포기할 수 있는가? ( )

마시멜로 이야기를 생각해보라. 성장은 공짜로 주어지지 않는다.

10. 나는 임계점에 다다랐을 때 한 발 더 내디딜 힘이 있는가? ( )

팔굽혀펴기나 윗몸 일으키기를 할 때 마지막에 너무 힘든 순간이 온다. 그 순간의 1개가 그때까지의 10개 이상과 같다는 것을 기억하라.

8가지 이상: 준비되어 있음
6가지 이상: 노력 필요
6가지 미만: 많은 노력 필요

✽ 자기경영

- 자신을 최적, 최고 상태로 이끄는 다양한 활동이다.
- 효과적인 목표 달성에 초점을 맞춘다.
- 목표 달성의 가능성을 높여주지만 성공을 보장하지는 않는다.

마흔의 힘 한마디!

> 긍정적으로 살기 위해 오늘부터 다이어리에 감사일기 세 줄을 써보는 것은 어떨까? 아침부터 기분이 좋아질 것이다. 작고 평범한 일에 감사한다면 결국 진정한 승자가 될 가능성이 크다.

5장

자기계발의 가치관과 로드맵

[시대를 내다보는 통찰력]

01
내 꿈이 고객에게 필요해야 성공할 수 있다

우리는 비즈니스를 할 때 무엇을, 왜, 어떻게 할지 많이 고민한다. 그중 가장 중요한 것은 무엇일까? 어떤 고객을 타깃으로 소비자의 니즈를 만족시킬 것인지가 가장 중요하다. 그것은 대중성이거나 상품성일 수도 있다. 요즘 트로트 프로그램이 인기다. 문득 우리나라 트로트 가수들이 점점 젊어지는 것을 보고 신선함을 느낀 적이 있다. 전에는 아이돌 오디션 프로그램이 인기였는데 최근에는 전 세대를 아우르는 젊은 트로트 가수들의 인기가 많아졌다.

책을 쓸 때도 마찬가지다. 책을 왜 써야 하는지, 타깃은 누구인지 분명히 정해야 한다. 자기가 잘 아는 분야나 쓰고 싶은 책을 쓸 수는 있지만 개인 소장용에 머물 수도 있다. 그래서 자신의 관심과 대중의 관심이 잘 접목되어야 시장성이 있고 독자가 구매해 소장할 가능성도 커진다. 그런 관점에서 마케팅을 배우지 않더라도 일상

속에서 고객에 대한 생각을 꾸준히 익히고 습관화해야 한다. 그렇게 되면 회사에서 아이디어를 기획하거나 영업·홍보활동을 할 때 고객에게 접근할 다양한 시야가 보이고 고객과 함께 성장할 스킨십도 가능해질 것이다. 이렇게 고객의 관점에서 모든 것을 생각하는 습관은 전 영역에서 필수 능력이 되었다.

바야흐로 의사, 변호사도 SNS 마케팅으로 고객에게 자신을 알리고 브랜딩하는 시대다. 고객은 다양한 편의와 차별화된 서비스를 요구하고 있다. 과거 세무사는 사업자들에게서 매월 기장 수수료를 받고 더 많은 기업이나 개인을 유치하는 데 그쳤지만 최근에는 고객의 다양한 요구에 맞추어 수익성 높은 분야의 상담을 해주고 있다. 부동산 세금제도가 복잡해진 점을 간파해 별도로 1대1 세무상담을 한다. 이렇게 별도의 상담료를 통해 큰 수익을 챙긴다.

한편, 이혼이 증가하다 보니 민·형사상 변호사보다 가정법률 변호사가 증가하는 추세다. 산부인과에서는 여의사가 더 많아지고 고객을 진료하는 것을 볼 수 있다. 이렇게 고객이 필요로 하고 요구가 많을 때 해당 분야를 선점하면 큰 수익을 챙기고 성공할 수 있다. 개인이 브랜딩하는 시대다. 사람들은 명성을 얻으면서 자신만의 페르소나를 구축하는 데 몰두한다. 개인 SNS는 물론 단체

채팅방 등에서 사람을 끌어모으는 경향이 강해졌고 비대면 사회로 바뀌면서 더 급변하고 있다.

치열한 경쟁시대에 돌입한 지 오래다. 유명인들은 자신의 가치를 높이기 위해 자신의 업석만 쌓는 데서 확장해 기업, 사회 등 타인에게 기여하는 업적을 쌓고 있다. 고객은 그 마케팅을 보고 자신이 원하는 것을 선택한다. 그래서 우리는 고객의 니즈와 마케팅 관점에서 생각해보는 연습을 계속해야 한다. 그것이 언젠가 잘 맞아떨어지면 대박이 터질 수도 있다.

내 사명문은 "제2의 인생에 도전하는 사람들에게 나의 도전과 실천의 자신감을 주기 위해 노력한다"이다. 사명은 누구를 위해 나의 어떤 가치를 제공할지 구체적으로 기록해야 한다. 성장한 멘토를 만나보면 공통점이 있는데 그중 하나는 나눔의 실천이다. 그들은 성장의 과정에서 나눔을 실천하다 보면 자기만족감이 커지고 필연적으로 자신의 수익과도 연결된다고 한다. 예를 들어 나의 지식과 경험으로 누군가를 가르쳐보면 자신이 더 성장하는 것을 느낄 수 있을 것이다.

물론 기본적으로 고객이나 타인에게만 도움이 되는 일을 하면 안 된다. 앞에서 살펴보았듯이 자신을 성찰해 자신과 잘 맞는 즐거운 일을 하는 것이 전제되어야 한다. 자신이 즐겁고 잘하는 분야의 전문가가 되는 것과 고객과 타인의 니즈를 만족시키는 것이 긴밀히 연결되어야 장기적으로 자신의 존재감에 빛을 더할 수 있는 것이다. 내가 하는 일을 나누고 상대방이 궁금하도록 만드는 것이 우리의 과제다. 일상에서도 자기소개기 중요하며 그것을 기초로 상호 관계 형성과 니즈 파악이 가능하다. 내 안에는 숨은 다이아몬드 1~2개가 분명히 존재한다. 그것을 회사생활에서든 사업에서든 빨리 발견할수록 더 빠른 수익이 실현될 것이다.

내가 알고 있는 지식과 경험을 구체화하면 그것이 곧 고객의 필요에 따른 니즈다. 무의미한 학창시절도 없고 시간낭비였던 직장생활도 없다. 나아가 결혼생활이나 육아 등 현재까지의 경험이 현재의 나를 만들었음을 항상 인식하길 바란다. 그 과정들을 지금이나 미래의 나의 성장기반을 만드는 데 연결만 하면 된다. 어느 것이 될지는 아무도 모른다. 끊임없는 자아성찰과 세상에 대한 통찰력을 키워나가야 한다. 그리고 나의 장·단점과 외부 요인을 명확히 인식하고 시대 흐름을 잘 쫓아가는 데 핵심이 있다고 보면 될 것이다.

"잭 웰치, 워런 버핏, 도널드 트럼프, 리처드 브랜슨, 오프라 윈프리, 데이비드 베컴 등의 유명세는 어떻게 만들어지고 유지되었는가? 사람들은 명성을 얻는 동시에 대중적 '페르소나'를 구축하고 유지하는 데 관심이 많다. 인지도라고 말하면 흔히 유명세를 먹고 사는 엔터테인먼트 분야의 유명인을 떠올리기 쉽지만 지금은 기업인과 정치인뿐만 아니라 일반인도 자신의 인지도를 확장시키고 대중적 명성을 높이는 데 관심이 크다."

― 필립 코틀러의 〈퍼스널 마케팅〉 중에서 ―

누구를 위해 나의 가치를 제공하느냐에 따라 만족도는 달라질 수 있다. 그들이 필요로 하는 것을 더 세밀히 알아보아야 한다. 그래서 마케팅을 배워야 하는 것이다.

01 내 꿈이 고객에게 필요해야 성공할 수 있다

02

소비자의 삶에서 생산자의 삶으로

지금 우리는 '시대를 보는 통찰력'을 갖기 위한 마흔 이후의 삶을 이야기하고 있다. 최근 트렌드를 보면 소비자의 삶에서 생산자의 삶이 되어야 한다는 사실이 중요해졌다. 몇 년 전부터 디지털 노마드나 경제적 자유에 대한 이슈가 트렌드가 되었다. 생산자의 삶이란 어떤 것일까? 처음 접하는 분은 무슨 말인지 의아할 수도 있다. 한마디로 정의하면 사냥감이 되지 말고 사냥꾼이 되라는 말이다.

그동안 내가 강연을 듣는 사람이었다면 이제는 내가 책을 쓰고 강연하는 사람이 되라는 말이다. 부동산이나 주식을 투자할 때도 마찬가지다. 전세를 살면서 주인에게 레버리지를 기부하지 말고 내가 레버리지를 이용해 자산을 증식하라는 말이다. 주식투자를 할 때도 다른 전문가나 지인의 추천을 받아 수동적으로 움직이지 말고 자신만의 분석력을 갖추어야 한다. 그것이 생산자의 삶이다.

뭐든지 100% 확신은 없겠지만 어느 정도 가능성만 있다면 남보다 먼저 해당 분야를 선점해 빨리 쟁취할 수 있는 퍼스트 펭귄이 되어보길 바란다. 생산자의 삶을 사는 사람은 아침에 새벽 기상을 하며 블로그에 글을 쓰고 명상과 감사일기를 통해 마음을 다스린다. 하루 일과를 주도적으로 다루고 사람들에게 선한 영향을 미치는 것이다. 레버리지를 이용하고 돈이 돈을 벌게 만들고 사회의 주체가 되어 앞장서 선도해나가는 것이다. 내가 정의하는 생산자의 삶은 이런 것이다. 실제로 부자들은 생산자의 삶을 살고 있다. 소비자가 아닌 생산자가 되기 위해 항상 한 발 앞서 나가고 모든 시장에서 선점했기 때문이다.

> **✶ 나는 소비자인가, 생산자인가?**
>
> 1. 나는 월급을 주는가, 월급을 받는가?
> 2. 나는 임대료를 받는가, 임대료를 내는가?
> 3. 나는 물건(서비스)을 만들어 파는가, 그것을 소비하는가?
> 4. 나는 개인 미디어(SNS, 개인방송 블로그)를 운영하는가, 그것을 소비하는가?
> 5. 나는 책을 쓰거나 강연하는가, 책을 사서 읽기만 하는가?

대표적인 5가지만 체크해보면 자신의 현재 위치를 알 수 있다. 3가지 이상이라면 생산자의 삶에 가깝지만 3가지 미만이라면 소비자의 삶을 산다고 판단하면 된다.

5가지 항목에서 보듯이 모든 항목이 생산자일 수는 없다. 하지만 우리가 의식적으로 생산자의 삶을 살기 위해 노력한다면 3개 이상은 실현할 수 있을 것이다. 직장인도 부업, 창업, 임대업을 할 수 있다. 전업주부도 SNS나 스마트스토어를 할 수 있고 매일 글을 쓰면서 생산자의 삶을 살 수 있다. 안 되는 것은 없다. 간절하지 않고 꾸준하지 않아 자신의 꿈이 실현되지 못하고 현재 모습으로 그 자리에 멈추어 있는 것이다.

수많은 자기경영서나 자기계발서가 나왔지만 결국 자신이 깨닫고 노력하지 않으면 지나쳐갈 뿐이다. 운전면허를 따고도 장롱면허가 되는 이유를 우리는 잘 안다. 차가 없어서라는 것은 핑계다. 의지만 있다면 수백만 원짜리 중고차를 살 수도 있었을 것이다. 필요하지 않고 절실하지 않기 때문이다.

블로그를 하면서도 남의 글만 탐독하는 분들이 많다. 하지만 블로그에서 정보를 얻는 데 그치지 말고 내가 정보를 주며 남들이 내 글을 읽는다고 생각해보라. 기분 좋은 일이다. 나도 처음에는 정보만 얻으면 그만이라고 생각했고 블로그로 다른 수익화는 생각해보지 않은 것이 사실이다. 그러나 시간이 지나면서 체험단, 서평단, 애드 포스트 등의 소소한 수익이 생겼다. 남보다 더 빨리 생산자가 되기 위해 노력하라. 그리고 즐겨야 한다. 뭐든지 재미있고 즐거워야 지치지 않고 전진할 수 있는 것은 분명한 사실이다.

굳이 생산자가 되어야 하냐고 반문할 분들도 있을 것이다. 고액연봉자이며 회사에서 인정받고 있는데 내 가치를 더 높이기 위해 굳이 한눈팔 필요가 있냐고 따질 수도 있다. 그러나 초일류 기업 임원도 그 기업이 자기 것이 아니라는 사실을 명심하고 임원이 되어도 어떤 방식으로든 자신의 가치를 높여야 한다. 회사 명함 뒤에 자신이 있는 것이지 내 명함이 있는 것은 아니다. 즉, 조직 속의 나도 자기계발은 계속 필요하다는 말이다.

최근 1인 브랜딩이 더 각광받고 있다. 4차산업혁명 시대는 그런 것이다. 누구의 내가 아니라 그냥 나로서 차별화해야 한다. 월급을 받는 직장인이라고 무조건 소비자의 삶은 아니다. 정말 사장처럼 일하며 언젠가 대표나 임원이 되거나 퇴사 이후 독립을 꿈꾸며 현재 열심히 산다면 분명히 생산자인 것이다. 어느 자리에서든 생산자의 삶으로 주도적으로 사는 사람들도 찾아보면 많을 것이다.

우리도 대부분 자신이 열심히 산다고 생각한다. 더 엄밀히 말하면 그렇게 믿고 싶어한다. 자신의 인생이 나아지지 않는다고 생각한다면 잘 고민해보길 바란다. 과연 내가 직장이나 사업에서 무슨 노력을 하고 있는지? 아니면 그 분야에서 얼마나 노력하고 있는지? 다람쥐 쳇바퀴 도는 삶에서 한발짝 떨어져 자신을 더 냉철히 바라보자. 주변의 많은 사람을 둘러보라. 그들은 그만한 노력 덕분에 파이어족이 되었고 경제적 자유와 디지털 노마드가 되었다. 아직도 시간이 없어서 안 될 거라고 생각한다면 그 생각부디 생산자의 생각으로 바꿔보라고 말해주고 싶다. 그 생각에서부터 우리는 조금씩 달라질 수 있다.

우리는 타인의 시간, 경험, 네트워크를 이용해 더 효율적으로 일해야 한다. 그래서 나를 변화시키며 하루를 즐기면서 원하는 일을 해야 한다. 현대사회에서 한쪽은 레버리지하고 다른 한쪽은 레버리지 당한다. 현재 남들이 당신의 정보와 제품을 소비하는지, 내가 남들의 그것을 소비하는지 한 번 더 곰곰이 생각해보길 바란다.

"왜 남들 장단에 맞추려고 하나? 북 치고 장구 치고 너 하고 싶은 대로 치다 보면 그 장단에 맞추고 싶은 사람들이 와서 춤추는 거여."

– 유튜버 박막례 할머니 –

"생산자의 삶을 살길 바라며 단순히 투자를 목적으로 돈만 좇지 말고 투자라는 수단을 잘 활용해 여러분이 꿈꾸는 삶을 스스로 개척해 나가길 바랍니다. 우르르 몰려다니는 하이에나가 되지 말고 스스로 사냥하는 사자가 되길 기원합니다."

— 〈유나바머 블로그〉 글 중에서 —

마흔의 힘 한마디!

지금까지 소비자로서 충분히 살아봤으니 이제 생산자로도 살아보는 것이 어떨지 생각해보자. 주도적으로 생산적으로 살다 보면 아침에 눈뜨는 것이 더 활기찰 것이다. 내가 누군가에게 뭔가를 제공해야 하므로 더 주도적이 되고 부지런해야 한다.

03

어떻게 살아야 잘사는 것인지 고민해야 한다

우리는 모두 직장인으로서 열심히 살아왔다. 회사는 개인을 활용해 이익을 추구하는 반면, 개인들은 회사에서 소속감과 안정감을 얻으며 성실히 일해왔다. 그리고 그 안에서만큼은 그것이 최선이라고 생각하며 윈윈 관계의 균형을 맞추기 위해 노력해왔다.

드라마 '미생'의 작가는 직장생활을 해보지 않고 간접 경험으로 시나리오를 썼다. "회사는 전쟁터이지만 나가면 지옥이다"라는 말을 포함해 조직생활을 좀 더 과장해 그렸다. 그래도 많은 시청자의 공감을 얻는 데 충분했다. 우리가 제대로 된 삶을 살기 위해서는 "내 인생은 내 것이고 그 책임은 내게 있다"라는 기초 위에 있어야 한다. 그러려면 나 자신을 잘 알고 성찰하는 것이 중요하다. 자아성찰에서 시작되어 어떻게 잘 살 것인지 통찰력을 갖는 것으로 이어진다.

위기를 기회로 바꾸는 능력도 인생을 살아가면서 매우 중요하다. 살다보면 당연히 위기도 찾아오는데 그 시점을 어떻게 극복하느냐에 따라 차이가 벌어진다. 그 차이는 살아가면서 급격히 벌어진다. 지속적으로 꾸준히 할 수 있는 내공도 중요하다. 필자도 개인적인 일, 가정일, 회사 일이 항상 고민과 위기의 연속이지만 지나가면 별것 아니었던 것처럼 잊어가며 살아왔다. '이 또한 지나가리라'라는 말이 있다. 되돌아보면 당시는 너무 힘들었지만 지나고 나면 별것 아닌 과정에 불과하다는 것을 깨닫게 된다. 미리 걱정하지 말고 차근차근 자신의 힘과 지혜를 쌓아간다면 그 시기가 닥쳐도 세상을 보는 눈이 더 편안해질 것이다.

인생에서 페이스 조절은 마라톤과 비슷하다. 마라톤의 오르막에서는 페이스를 조절하며 조금 힘을 비축해야 하고 내리막에서는 속도를 더 내 선두를 따라잡거나 치고나가 후미와의 간격을 벌릴 수 있다. 오르막에서 힘을 내면 나중에 힘을 내야 할 내리막이나 골인 지점에서 속도를 내지 못한다. 마흔 이후의 삶에 대해 고민과 불안감만 갖지 말고 내일부터 당장 실천하는 삶을 살길 바란다. 그럼 어떻게 살아가야 할지에 대한 불안감과 두려움이 조금씩 사라질 것이다.

예를 들어, 책을 읽는 데만 그치지 말고 책 속의 한 줄이라도 반드시 실천하는 습관을 들여야 한다. 한 줄 실천이라고 비웃을 수도 있지만 한 가지 좋은 습관이나 지혜를 얻었다면 그것으로 책값은 본전을 뽑은 것이다.

매일 새벽기상과 감사일기를 쓰면서 명상하거나 운동을 해보면 자신감도 조금씩 생기고 불안감이 자신감으로 바뀔 것이다. 특히 여기서 중요한 점은 몰아치기가 아니라 체크리스트를 활용해 꾸준히 하는 것이다. 막연하게 하지 말고 구체적인 수치화를 하면 목표가 훨씬 더 명확히 보이는 효과가 있다.

한편, 기본적인 토대 위에서 마흔 이후 현금이 꾸준히 나오는 방법도 여러 개 만들어야 한다. 우리는 자본주의 사회에서 살고 있다는 것을 잊으면 안 된다. 아직까지 복지제도가 취약한 우리나라에서는 50~60대 이후 좀 더 풍요롭고 안정적으로 살기 위해 40대 때 머니 트리를 만들어두어야 한다. 필자는 은퇴가 없는 책 쓰기, 강연, 부동산과 주식투자를 나의 중심적인 머니 트리로 생각하고 진행 중이다.

앞에서 언급했듯이 나만의 머니 트리 무기가 최소 2~3개 있어야 안정적인 머니 트리가 완성되는 것이다. 3개 중 1개가 작동되지 않을 때 새로운 머니 트리를 만들어갈 시간을 벌 수 있다. 성장한 사람은 시간적, 경제적 여유가 생겨 좋은 습관이 생긴 것이 아니라 꾸준한 노력 덕분에 그 자리까지 왔다고 확신한다.

필자도 인생 후반기를 살기 위해 큰 줄기를 실천하려고 노력했고 아직도 진행 과정이라고 생각한다. 누구나 완벽한 만족이란 없으므로 인생은 그 퍼즐을 완성해가는 과정으로 생각하면 마음이 훨씬 편할 것이다. 필자는 여러분보다 방법을 좀 더 많이 알고 있고 좀 더 많이 실천해보았다. 그래서 필자가 경험하고 알고 있는 지식을 로드맵으로 알려줄 능력이 있다고 생각한다. 하지만 궁극적으로 실천은 독자 여러분의 몫이라는 사실을 기억해야 한다.

여러 가지를 한 번에 다 실행하기는 당연히 어려우니 한 달에 1~2가지 습관을 완벽히 익힌다면 1년 후 엄청나게 성장·발전한 자신의 모습을 볼 수 있을 것이다. 한 가지 습관을 제대로 몸에 익히려면 최소 21일, 최대 100일이 필요하다. 습관은 매일 살아가면서 자기도 모르게 행하는 무의식적 행동이다. 습관을 체화하기 위해서는 의식적인 행동과 노력이 무의식적인 행동이 될 때까지 견뎌야 한다. 나쁜 습관이 우리를 지배하기 전에 좋은 습관을 들여서 내 삶의 주인이 되어야 한다.

미국 백만장자의 습관을 분석한 결과, 76%는 매일 30분 이상 자기계발을 위해 독서하고 매일 30분 이상 유산소운동을 한다고 한다. 그중 89%는 매일 7~8시간 잠을 자고 약 50%는 업무 시작 3시간 전에 기상했다. 로드맵이나 계획표를 가지고 좋은 습관을 완성하는 것은 기초 체력이라고 볼 수 있다. 이런 끈기와 꾸준함의 기초 체력이 약하면 결국 포기하거나 성과 및 성장이 이루어지지 않을 수 있다. 독서, 재테크, SNS, 자아성찰, 통찰력 등을 갖추는 것이 큰 그림이라면 기본적인 작은 그림 스케치는 새벽 기상, 감사 일기 쓰기, 운동, 명상 등이다.

사실 이런 기초적인 습관이나 로드맵 없이 우왕좌왕했던 사람들은 영향을 불균형적으로 섭취했다고 볼 수 있으며 한 분야에서는 특출할지 몰라도 전체적인 능력을 갖추지는 못할 것이다. 결국 어느 순간 기본적인 마인드 부족을 느낄 것이다. 한 분야의 전문가나 자기계발은 그런 맹점이 있다. 한 분야의 전문가도 좋지만 마흔 이후에는 더 차별화된 자신만의 무기를 여러 개 만들어야 한다는 것을 잊지 않길 바란다. 그것이 인생 포트폴리오다. 그래야 직장에서 퇴직하거나 사업이 실패하더라도 견뎌내고 재기할 수 있다. 그것이 험한 세상을 견디고 앞길을 조금이라도 내다보는 통찰력일 것이다.

한편, 인간관계는 어떻게 진행하는 것이 좋을까? 20~30대에는 약속도 많고 많은 사람과 어울리며 좌충우돌하는 경향이 있다. 그 시절 그런 경험은 삶의 내공이 된다고 생각한다. 우리가 여행을 다니듯 사람들과의 인연도 맺어간다고 본다. 앞으로 어떻게 살아가야 할지 고민하고 인생을 설계할 때는 습관과 로드맵의 중요성을 강조하고 싶다. 통찰력은 결국 이 모든 것이 쌓여서 생기는 넓은 시야일 것이다.

그동안 우리는 바쁜 일상 속에서 방향이 제대로 설정되었는지도 모른 채 현실에 안주하거나 버티기 위해 노력해왔다. 앞으로는 나의 인생 방향이 맞는지 점검해보고 다른 선인들은 어떻게 사는지 살펴보는 여유도 필요하다. 우리가 추구하는 가치는 돈이나 명예가 아니라 나와 내 이웃이 행복하게 사는 것임을 잊지 말자. 이제는 다른 사람이 내 마음과 같지 않다면 현명하게 거절하는 법도 알아야 하고 싫어도 전략적으로 필요하다면 참고 이겨내야 한다. 특히 직장에서는 부당한 지시를 내리는 상사나 말을 안 듣는 부하직원이 있더라도 나부터 올바른 가치관과 행동을 보인다면 그런 심적 갈등이 덜할 것이다.

인간관계나 조직생활도 결국 나 자신의 마인드 컨트롤을 잘해야 한다는 것을 기억하길 바란다. 마흔 이후에는 더 효율적이고 전략적인 만남을 갖길 권한다. 시간을 잘 안배해 인간관계를 맺길 권하며 가족, 친척을 잘 챙기는 사람이 되어야 할 것이다. 친구들과 등산, 낚시, 스포츠활동을 함께 하고 가족, 친척에게는 명절이나 행사에 잘 참여하는 사람이 되도록 노력해야 한다. 그런 책임감이 부여되는 시기다.

전략적인 만남 중에서 멘토와의 만남도 매우 중요하다. 내 인생의 멘토를 찾으려는 노력은 큰 의미가 있다. 멘토를 잘 만나면 부의 추월차선을 더 빨리 내 것으로 만들 수 있을지도 모른다.

1. 명확한 목표만이 미래를 약속한다.
2. 실패를 두려워하는 순간 승부는 끝난다.
3. 핵심을 놓치면 경쟁에서 도태된다.
4. 승리는 간절히 바라는 자의 몫이다.
5. 적을 알고 나를 알면 승리할 수 있다.
6. 삶의 균형은 팀워크가 만든다.
7. 리더의 능력은 위기의 순간 빛을 발한다.
8. 복잡성은 반드시 패배를 부른다.
9. 실력이 없으면 안전도 없다.
10. 최소의 투자로 최대의 결과를 내라.
11. 현재에 안주하지 말라.
12. 마지막 순간까지 방심하지 말라.

— 브라이언 트레이시 〈당신의 무기는 무엇인가〉 중에서 —

마흔의 힘 한마디!

> 균형적인 삶, 나와 가족, 이웃이 모두 행복한 삶은 수십억 원, 수백억 원대 부자가 되어야만 이루어지는 것이 아니다. 내일부터 아침 일찍 온 가족이 30분 동안 함께 독서하는 것이 행복이다. 우리 삶의 가치는 그런 일상의 작은 경험이 모여 통찰력으로 발전해간다.

04
돈만 좇으면 돈만 남는다

'호랑이는 죽어서 가죽을 남기고 사람은 죽어서 이름을 남긴다'
라는 옛 명언이 있다. 그처럼 우리 인간은 동물과 다른 존재다. 그
냥 살아가는 것이 아니라 내 이름을 어떻게 명예롭게 드높이며 살
아가야 할지 생각해야 하는 존재다. 인간은 근본적으로 탐욕의 존
재여서 당장 눈앞의 이익에 급급하고 지금 가진 것에 만족하지 못
한다는 것을 우리는 잘 알고 있다. 그럼에도 깨닫지 못하면 그냥
그렇게 계속 살아가는 것이다.

내 주위에서도 수십억 원 재산이 있는데도 만족하지 못하고 행
복해 보이지 않는 사람을 종종 보았다. TV에서도 주식 부자가 되
거나 로또에 당첨되어 잘사는 사람도 있지만 그렇지 못한 경우도
보았다. 미처 부자가 될 준비가 안 된 상태에서 행운으로 갑자기
부자가 된 경우가 그렇다. 인간은 가볍고 간사한 존재여서 로또에
당첨되거나 주식 대박이 나도 가치관, 멘탈, 돈에 대한 인식이 절

제되지 않으면 한순간에 사라지는 것을 목격한다.

〈돈, 뜨겁게 사랑하고 차갑게 다루어라〉를 쓴 앙드레 코스톨라니는 주식투자 책을 쓴 것이 아니라 돈에 대한 태도를 쓴 것이다. 실제로 그는 돈과 항상 일정한 거리를 두려고 노력했고 그런 태도는 우리가 지녀야 할 기본 전제일 것이다. 그에게 돈은 목표를 향한 수단에 불과했다.

우리 삶의 근본적인 가치는 과연 돈일까? 단언컨대 아니라고 생각한다. 정말 적재적소에 잘 써야 한다는 것이 내 지론이다. 만 원을 쓰더라도 가치 있게 쓰는 연습을 해야 한다. 돈이나 명예도 악용되면 한순간에 추락하는 경우를 뉴스에서 수없이 보았다. 해외 MBA 출신 증권맨이 수십억 원을 횡령하거나 주가를 조작하고 유력 대선 후보가 성추문으로 추락하는 모습을 보면 어떤 기분이 드는가? 돈도 명예도 결국 하룻밤의 꿈이 될 수 있다는 것을 기억하길 바란다.

물론 우리 사회는 선한 사람이 더 많아 잘 유지되고 있다고 생각하지만 그럼에도 돈 앞에서 가치관과 관념이 잘못된 사람이 아직 많다고 생각한다. 재테크로 돈을 벌거나 유명인이 되더라도 돈에 대한 가치관이 올바르지 못하면 거품일 뿐이다. 현재에 만족하지 않고 무리한 욕심을 부리다가 허망하게 날리는 것이다.

운이 나빠 그런 경우도 있겠지만 자세히 들여다보면 지나친 욕심 때문인 경우가 훨씬 많다. 무리한 사업확장이나 투자로 일부 연예인이 막대한 손해를 입은 것을 TV에서 많이 보았을 것이다. 그래서 우리는 남은 인생을 살면서 자신만의 무기를 개발하고 자기관리, 감사일기 등을 써야 한다. 자신의 능력을 키워 더 여유롭게 자신만의 길을 가는 것도 중요하지만 절제할 수 있고 일정 수준 이상의 성공에 만족하는 삶을 사는 것이 더 중요하다. 그것은 돈과 명예 둘 다 포함된다.

부자가 되려면 일단 올바른 가치관을 정립해야 한다. 그렇지 않으면 돈을 벌더라도 금방 매몰되어 인생이 나쁜 방향으로 흘러갈 것이다. 돈이 나를 자연스럽게 쫓아와주면 좋겠다고 말하는 사람은 어느 정도 지혜를 갖추었다고 보면 될 것이다. 실제로 돈을 쫓지 않고 돈이 나를 따라오게 하는 마인드라면 행복할 수 있다고 확신한다. 지금 이 순간부터 그런 긍정의 힘으로 매 순간을 살고 남에게 도움을 주려고 노력한다면 결국 돈이 당신에게 미소지으며 쫓아올지도 모른다.

나무를 보지 말고 숲이나 산을 보아야 통찰력이 생기고 미래에 발생할 일들을 제대로 예측하고 넓은 세상을 바라볼 수 있다는 것을 알길 바란다. 눈앞의 이익에만 몰두하면 푼돈(?)밖에 못 벌지만 머나먼 바다를 바라보며 담대해진다면 어느 순간 큰돈이 다가와 있을 거라고 믿는다. 오늘부터 여러분은 나보다 부와 명예가 높은 사람을 존경하고 그들을 벤치마킹해야 한다. 내가 나누어줄 수 있는 사람에게는 어느 정도 베풀 줄 아는 아량도 있어야 한다. 그런 겸손한 태도와 가치관이야말로 그들을 닮아가는 지름길이다. 전에는 필자도 나보다 뛰어난 사람들을 색안경을 쓰고 바라보았지만 언젠가부터 돈이나 명예가 높은 사람을 보면 그가 얼마나 치열하게 고민하고 노력해 그 자리에 갔는지 상상하면서 인정하게 되었다. 반면, 필자보다 부족한 분들에게는 격려와 용기를 불어넣는 말을 많이 하면서 내 마음이 한결 여유로워졌다.

여러 번 말했듯이 쉽게 부자가 된 사람도 있겠지만 그들은 부자 마인드나 가치관, 후배에게 들려줄 이야기 소재가 없다. 내가 이 자리까지 힘들게 왔다면 그만큼 나에게 스토리텔링이 많다고 생각하면 된다. 긍정적인 생각으로 나만의 가치관과 부자 로드맵을 실천하면서 남들보다 한발 더 나아가야 한다. 인생은 길다. 최종목적지까지 어떻게 마감하느냐에 따라 내 이름 석 자가 달라진다.

정치인이나 유명 재벌 중 일부가 자신이 잘못했든 억울한 누명을 썼든 안타까운 뉴스에서 종종 보게 된다. 돈과 권력은 가지면 가질수록 더 부담스럽고 절제되지 않는 속물이다. 하루하루 살아가면서 인간은 원래 완전한 존재가 아니라는 사실을 항상 염두해 두어야 한다.

공자님은 "만약 재산이 구해서 얻는 것이라면 시장에서 채찍을 잡고 문을 지키는 졸개 노릇이라도 하겠지만 구한다고 얻어지는 것이 아니라면 차라리 내가 좋아하는 일이나 하겠다"라고 말했다. 수천 년 전 이미 공자님이 말했듯이 우리가 열심히 일하는 것은 행복해지기 위해서다. 특정 분야에서 성공한 사람들에게 성공 DNA는 있지만 선한 영향력까지 있는지 보게 된다. 대수롭지 않게 느낄 수도 있지만 성장과 성공을 이루기 전에 이 요소는 매우 중요하며 평소 가져야 할 덕목이기도 하다. 선한 영향력이란 기부행사나 무료강의 같은 것만 의미하는 것이 아니다. 올바른 사고방식으로 사람들에게 내가 할 수 있는 범위 안에서 여유를 가지고 더 신경써주는 것이라고 생각한다.

연예인 션 부부나 차인표 신애라 부부를 보면서 느낀 점이 많다. 그들은 선행이 무엇인지, 나눔이 무엇인지 공인의 힘으로 널리 알렸고 입양에 대한 편견을 없애며 보편화시켰다. 상대방을 배려하는 마음과 따뜻한 마음으로 자원봉사, 김장 나눔 행사, 연탄배달 행사 등에 참여하고 입양 등을 실천해 영향을 미칠 수 있다면 그것이 선한 영향력이다. 그럼으로써 자연스럽게 광고협찬도 더 들어오고 드라마 섭외까지 들어오는 부수적 효과도 의도치 않게 누렸다.

인생에 정답은 없지만 어떻게 사는 것이 바람직한지는 선인들을 보면 알 수 있다. 그래서 역사소설이나 위인전을 읽는 것이다. 우리는 본질적으로 타인에게 선한 영향을 미치고 그들이 나를 존중해주면 기분이 더 좋을 것이다. 돈만 쫓는 인생은 만족도가 크지 않다. 또한, 돈이 많다고 반드시 존경받는 것도 아니다. 돈 외에도 가치관, 철학 등 삶의 태도가 존경받을 자격 여부를 결정한다. 누군가의 롤모델이 된다고 생각하면 함부로 살지 못할 것이다. 인생을 살면서 자신의 꿈을 펼치는 것은 1차원적 목표이고 내가 남들의 꿈이 되도록 희망과 용기를 주는 것은 2차원적 목표다. 그리고 죽은 후 내 이름과 족적을 내 후세와 더 많은 사람이 알아준다면 그것이야말로 가치 있는 인생이라고 생각한다.

✽ 돈보다 더 행복하고 가치 있는 버킷리스트 10개 만들기

1. 가족의 건강을 위해 주말에 자전거 타기
2. 아내와 함께 저녁을 준비하는 즐거움 느끼기
3. 새벽 기상과 아침 글쓰기를 통해 자존감 갖기
4. 매년 100권 이상 책 읽기
5. 1년에 한 번 해외여행 가기
6. 두 권 이상 책을 쓰면서 나만의 브랜딩 만들기
7. 유튜브 만 명 구독자 만들기
8. 부모님과 1년에 두 번 국내 여행하기
9. 내가 주도하는 모임 3개 이상 만들기
10. 부업으로 소소하게 100만 원으로 주식투자하기

마흔의 힘 한마디!

> 돈보다 중요한 가치는 많다. 어느 정도 부의 축적도 중요하지만 건강, 가족, 나눔의 가치에 무게를 두고 살아가길 바란다. 내가 남들의 꿈이 되도록 가치 있는 삶을 살아가기 위해 노력하자.

05

나도 누군가에게
선한 영향을 줄 수 있다면?

　회사나 외부에서 강연을 듣다 보면 강사의 성향이 보인다. 대부분의 강사님들은 수강생들이 잘되길 진심으로 바라면서 접근하지만 '강의를 위한 강의'를 한다는 느낌을 받을 때가 가끔 있다. 한마디로 강의를 자신의 수익으로만 생각한다는 느낌을 주는 것이다. 별것 아닌 것 같은 이 선한 영향의 차이가 나중에 큰 격차로 벌어지는 것을 볼 수 있다. 더 나아가 살아 있을 때는 사람들이 따르는 척하지만 생을 마친 후에는 존중이나 존경을 못 받는 것이다. 우리는 그런 관점에서 삶을 바라보아야 한다. 내가 이 세상에 태어나 어떤 긍정적인 영향을 미치는 것이 행복이라는 것을 깨달아야 한다. 회사에서 인정받는 것도, 책으로 영향을 주는 것도, 요리사가 맛있는 음식으로 손님들에게 행복을 주는 것도 선한 영향이다.

　물질적 기부뿐만 아니라 재능기부처럼 남들에게 긍정적인 영향을 주는 것이 선한 영향력이라는 것을 먼저 기억하자. 이런 인식을 가지면 매일 우리의 행동양식이나 태도가 몰라보게 바뀔 수 있다. 비즈니스에서 성공하는 사람들의 마인드를 보면 남들에게 어떤 이익을 줄지 고민한다. 선한 마음만 있다고 되는 것은 물론 아니다. 선한 마음과 더불어 자신만의 능력을 갖추고 있어야 진정한 선한 나눔을 실천할 수 있을 것이다.

한 가지 기억할 것은 선한 영향력은 결코 하루아침에 만들어지지 않는다는 것이다. 내가 언젠가 성공하거나 여유가 생겨 만들어지는 미래의 것이 아니다. 그러므로 현재 상태에서 선한 영향을 미치는 존재가 되어야 한다. 그것이 바로 자신의 성공을 향한 첫걸음일 것이다. 선한 영향력은 우리가 지향해야 할 진정한 가치의 끝자락이다. '혼자 가면 빨리 갈 수 있지만 함께 가면 멀리 갈 수 있다'라는 말이 진심으로 와닿는 사람이 되길 바란다. 그러려면 마흔 이후에 가져야 할 여러 능력을 갖추는 과정에서 선한 영향력에 대해 깊이 고민해봐야 할 것이다.

전자책을 만들어 사람들에게 무료로 배포하거나 자신이 아는 줌(Zoom) 사용법을 알려줄 수도 있다. 블로그나 유튜브를 하더라도 유익한 정보를 자신만 갖지 말고 여러 사람과 공유해야 한다는 생각을 가져야 한다. 그럼 SNS 구독자 수도 자연스럽게 늘어난다. 그것이 선한 나눔이다. 과거에는 물건을 나누는 데 그쳤지만 4차 산업혁명 시대를 맞아 지식을 나누는 시대가 되었다. 이 지식을 나누면 그 지식을 받아들인 사람들이 다음 사람들에게 퍼뜨리게 된다. 긍정적인 도미노 현상을 일으키는 것이다.

선한 나눔이나 영향력이 반드시 무료일 필요는 없다. 가치 있는 것을 타인의 이로움을 위해 판매하거나 일정한 이익을 챙겨도 된다. 다만, 마음이 중요하다. 우리는 나눔을 통해 자신이 더 기쁘고 성장하는 모습을 분명히 느낄 것이다. 나눔을 한 번 실천해본 사람들이 계속 선한 방향으로 살아가는 모습을 볼 수 있다. 그런 것을 위해서라도 내가 더 성장하고 여유를 갖겠다는 다짐도 할 것이다. 필자도 그런 마음과 태도를 갖추기 위해 많이 노력했고 이웃이 잘되도록 응원하고 도움이 되는 삶을 살려고 노력하고 있다. 지금 이 책을 쓰는 이유도 마찬가지다. 미래를 불안해하고 두려워하는 30~40대 직장인들에게 내 지식과 경험이 조금이나마 힘이 되길 바라는 의미로 쓰고 있다.

우리는 모두 경제적 자유를 꿈꾼다. 하지만 의미를 좀 더 확장시켜 생각해보면 마음이 더 풍요로워지고 여유가 생기는 사회가 되길 바란다. 내 가족을 위해 하고 싶은 버킷리스트와 이웃을 위한 나눔을 계획해보면 삶이 더 풍요로워질 것이다.

[선한 영향력의 예]

— 가수 아이유, '콘서트 수익금 전액, 불우이웃돕기', '스승의 날 기념, 무료 축하공연', '군부대 위문공연', '자선 바자회 참여', '초록우산 어린이재단 기부', '출신고와 대학에 발전기금 기부'
— 차인표 신애라 부부, '입양에 대한 사회적 인식전환에 기여'
— 정지훈, '착한 임대인 운동, 임대료 50% 인하'
— 서장훈, '착한 임대인 운동, 임대료 10% 인하 및 장기간 동결'
— 교보생명, '역대 최고액 상속세 1,830억 원 성실 납부'
— 오뚜기, '5년간 상속세 1,500억 원 성실 납세', '협력사와 상생 노력'
— 코엑스 에그슬럿 매장
  '줄서서 기다리는 동안 기부 포인트 적립 행사'
   → '소셜 라인업 캠페인'

마흔의 힘 한마디!

선한 영향을 주겠다는 생각은 평소 해야 하고 작은 것이라도 조금씩 실천해야 한다. 내 가족과 이웃을 위해 노력하다 보면 어느새 성공이 눈앞에 와 있다는 것을 알게 되는 날이 오길 간절히 기원한다.

06
어느 분야든 고수가 되기 위한 발걸음

지금 우리는 나이가 들면서 나 자신의 힘을 갖추는 방법에 대한 통찰력을 말하고 있다. 처음부터 모든 것을 갖추면 좋겠지만 하나씩 깨달으며 노력하는 과정이 필요하다고 생각한다. 바쁜 시간을 쪼개 다양한 능력을 모두 갖춘다면 더없이 좋겠지만 SNS만 하더라도 블로그, 인스타그램, 유튜브까지 꾸준히 하려면 시간과 노력이 많이 소요된다.

독서를 예로 들어보자. 자기계발의 기본인 독서를 하다 보면 미래에 대한 통찰력과 방향이 보인다. 통찰력을 위해 인문학 서적을 읽거나 산속 템플스테이에서 생각을 정리해보는 것도 좋은 경험이 될 수 있다. 모든 것을 한꺼번에 갖추기는 벅차므로 계획을 잘 세워 실행한다면 미래를 보는 눈이 생길 것이다. 절대로 남과 비교하지 말고 자신과의 경쟁에서 이기기 위해 노력하라. 처음부터 다 가졌던 사람은 아무도 없다. 차근차근 하나씩 실천해 나가다 보면 어느 순간 일정 수준에 오른 자신을 발견할 것이다. 어떤 분야를 접했을 때 자신과 잘 안 맞을 수도 있지만 경험해보는 것이 중요하다고 말해주고 싶다. 독서뿐만 아니라 부동산, 주식투자를 하더라도 경험하면서 자신에게 잘 맞는 방법으로 투자하면 된다. 그런 후에 재능 있는 분야에 올인해 고수가 되면 되는 것이다.

최근 블로그나 유튜브 활동만으로 소득을 올리는 경우가 무척 많아졌다. 세상은 점점 더 바뀌고 있으므로 그 변화 흐름에 따를 줄 알아야 한다. 시대를 선도하는 상위 1%에 들지 못하더라도 따라가는 10%에 들도록 반드시 노력해야 한다. 자아성찰과 통찰력의 차이는 나를 바라보느냐, 세상을 바라보느냐의 차이라고 생각한다. 자신을 잘 성찰한다면 더 어른스러워지고 세상을 보는 눈을 갖추면 살아가면서 외부 환경에 더 잘 대응할 수 있다고 생각한다. 그런 능력이 생기면 당장 사람들과 어울리거나 협상할 때 훨씬 유리한 면이 많아질 것이다.

다양한 분야의 고수들의 습관을 살펴보면 우리가 어떻게 행동해야 할지 판단이 된다.

첫째, 고수들은 아는 것을 실행하는 습관이 있다. 계획을 아무리 잘 세우고 마인드를 다잡아도 다음 날 실행에 옮기지 않는다면 아무 도움도 안 된다는 것을 알아야 한다. 실행할 때는 더 몰입해 자기 것으로 만들어야 한다.

한 유능한 강사는 "저는 이번 달에 어떤 강의를 들으면 내 것이 될 때까지 다른 강의는 절대로 안 들어요. 그것이 제가 하나씩 전문가가 되는 길이었어요"라고 말했다. 그 강사는 SNS 외에도 다양한 분야에서 활동하는 30대 초반 디지털 노마드의 삶을 살고 있다. 해당 분야의 전문가가 되어 팔로워 수는 수만 명에 이른다. 퇴사 후 2년 안에 많은 것을 이루었고 자신은 행복하다고 말한다. 실제로 그녀는 나이에 비해 많은 것을 이루고 있다.

자신의 모든 것을 단순화시켜 집중하고 루틴으로 만들어 매일매일의 습관으로 만들어야 한다. 별것 아닌 것 같은 작은 습관이 루틴이 되고 축적되면 남들보다 차별화된 재능과 경쟁력이 될 수 있다. 현대인들은 자기경영에 관심이 커져 이 요소들을 가미해 '100일 실행력' 등의 프로그램으로 실행력을 높이고 있다. 새벽 기상, 30분 책 읽기, 1일 1포스팅 등은 개별적으로 보면 별것 아니지만 그런 습관이 결합되고 지속되면 분명히 나를 변화시킬 것이다. 언젠가부터 필자도 시간이 돈보다 소중하고 아깝다는 사실을 절감하게 되어 24시간을 잘 활용하고 잠을 최대한 줄이기 위해 노력하고 있다.

둘째, 관찰력과 호기심이 뛰어나 쉽게 벤치마킹해 자기 것으로 만들 줄 안다. 사물 하나를 보더라도 장·단점을 볼 줄 알고 여러 상황을 유심히 관찰·분석하려고 노력한다. 그래야 어떤 결정을 내릴 때 신중히 판단하는 지혜가 생기기 때문이다. 고수들은 점심을 먹으러 갈 때도 요즘 제철 음식이 무엇인지 고민하고 스타벅스에서 커피 한 잔을 마셔도 원산지가 어디이고 원가와 이윤이 얼마일지 고민한다. 이것은 연습으로 되는 것이 아니라 근본적인 호기심에서 출발한다.

위대한 과학자들도 사소한 질문과 호기심에서 출발했다. 지구가 왜 둥근지, 눈과 비가 어떻게 생기는지 아무도 고민하지 않았다면 오늘날의 과학은 탄생할 수 없었을 것이다. 이처럼 일상에서의 호기심과 고민은 자신이 성장하는 데 중요한 작용을 하며 남들보다 더 빨리 아이템을 선점하는 원동력이 될 것이다.

셋째, 고수들은 사람을 볼 줄 안다. 최근 한 분야에서 서로 어울리며 지식, 정보 등의 이익을 공유하는 집단지성의 힘이 커지고 있다. 그 대열에 합류하려면 자신을 더 낮추고 다양한 분야의 선배와 롤모델을 지인으로 만드는 인간적인 매력과 용기가 필요하다. 우리도 실력을 갖추면서 고수를 만날 기회를 만들자. 인간적인 매력이나 실력, 용기가 없다면 먼저 다가가도 절대로 가까워지지 않는 것이 인간관계다. 그래서 정말 어려운 것이 인간관계다. 어떤 분야에서 조금씩 깊이를 더해가면서 차근차근 자신과 잘 맞는 인생의 선후배를 만난다면 그보다 기쁜 일도 없을 것이다. 롤모델을 바라보는 자체만으로 신선한 자극이기 때문이다.

넷째, 고수들은 예측하고 미리미리 대응할 수 있다. 상황이 발생하기 전에 미리 준비하는 습관이 1차로 중요하며 이후 변수가 발생했을 때 현명하게 처리하는 2차 대응력이 필요하다. 한마디로 고수들은 주도적으로 살아가는 능력과 위기를 극복하는 능력이 있다. 복잡한 문제가 생겨도 심플하게 생각하고 쉽게 해결할 수 있다면 인생은 훨씬 원만히 흘러갈 것이다.

다섯째, 고수들은 현실에 안주하지 않으며 힘들더라도 도전하는 삶을 즐기며 인내와 끈기로 지속적으로 노력한다. 그렇게 하면 당연히 고수가 될 수밖에 없을 것이다. 그런 태도는 근본적인 기질도 있겠지만 살아가면서 길러진 경우도 많다. 우리는 아직 늦지 않았다. 도전, 인내, 끈기, 꾸준함 모두 지금부터라도 21일 습관이든 100일 습관이든 실천해보라. 성공의 기회가 다가올 것이다. 여러분도 충분히 해낼 수 있다. 포기하기 때문에 안 되는 것이다. '할 수 있다'라는 신념으로 지금부터 시작하면 우리도 고수가 될 수 있다는 것을 자각하자.

여섯째, 고수들은 일찍 깨닫고 선점하기 위해 꾸준히 노력한다. 멘토로 삼을 만한 고수들을 만나면서 긍정적인 자극을 받고 깨달음을 얻어야 한다. 고수를 만나면서 성장과 성공을 이루어야겠다고 느껴야 한다. 그들은 좀 더 빨리 분야를 선점해 계속 노력하고 알아보고 이루어진 결과다. 저절로 고수나 부자가 되거나 이름을 널리 알린 사람은 결코 없다. 그만큼 노력했기 때문에 운도 따른 것이다.

여러분도 뭔가 도전하면서 행운도 따라주길 바라야 한다. 자신은 로또를 사지도 않은 채 당첨된 사람을 언제까지 부러워할 것인가! 우리가 지금 하는 노력은 결코 헛되지 않을 테니 하나씩 에너지를 채워나간다고 생각하면서 고수를 향한 발걸음을 게을리하지 않는다면 평균보다 훨씬 높은 위치에 오른 것을 느끼는 순간이 올 것이다.

✱ 건전한 자기 이미지를 갖기 위한 원칙

─ 당신의 이미지가 당신의 미래를 결정한다.
─ 다른 사람들과 함께 성공하라.
─ 목표를 알면 성공이 보인다.
─ 올바른 태도가 성공의 시작이다.
─ 정상은 일을 통해 성취된다.
─ 원하는 대로 이루어진다.
─ 성공의 기회는 지금이다.
─ 자신을 믿어야 한다.
─ 다방면에 능한 사람은 없다.
─ 자신을 인정하라.
─ 선택은 당신 몫이다.
─ 당신도 얼마든지 성공할 수 있다.
─ 당신이 할 수 있다고 믿기만 하면 성공은 쉽다.
─ 요구를 파악하고 충족시켜라.
─ 다른 사람을 먹여주면 자신도 산다.
─ 다른 사람의 장점을 발견하고 자존심을 살려주어라.
─ 이제 습관이 당신을 지배한다.
─ 좋은 습관은 좋은 결과를 낳는다.
─ 좋은 습관은 지금부터
─ 공짜점심은 없다.
─ 인내심, 끈기, 노력
─ 포기하지 않으면 실패는 없다.
─ 실패 때문에 겁쟁이가 되지 말라.
─ 끈기는 어려움을 이겨낸다.

― 지그지글러 〈정상에서 만납시다〉 중에서 ―

"성공하겠다는 마음이 실패의 두려움보다 커야 성공한다."

― 빌 코스비(미국 코미디언) ―

"사람들은 도전에 직면해서야 비로소 자신이 가진 잠재력을 발견한다. 자신의 능력을 발휘할 필요가 있을 때까지 사람들은 자신의 잠재력을 결코 알지 못한다."

― 코피 아난(전 UN 사무총장) ―

고수는 혼자 힘으로 살아남을 수 있어야 한다. 처음에는 조직의 힘으로 살았더라도 시간이 지나면서 홀로서기를 할 수 있어야 한다. 고수는 미리미리 대비할 수 있어야 한다. 호기심은 성공의 필수조건이다.

― 한근태의 〈일생에 한 번은 고수를 만나라〉 중에서 ―

마흔의 힘 한마디!

고수는 하루아침에 이루어지지 않으므로 매일 최선을 다해야 한다. 준비된 자에게 기회가 온다는 평범한 진리를 알고 실력을 키워야 하고 자신의 밥그릇을 걸 용기가 있다면 고수의 길이 보일 것이다.

6장

잠 못 드는 밤 책을 읽었다

[독서를 통한 긍정의 깨우침]

01

읽을수록 더 읽고 싶어지는
독서의 재미를 느끼다

　어린 시절 필자는 독서를 많이 하지 않았다. 여러 이유가 있겠지만 1980년대 당시 교육은 암기력 위주의 학력고사 시절이다 보니 지금처럼 독서의 중요성이나 사고력이 중시되지 않았고 암기력과 문제 풀이만 중시되었던 걸로 기억된다. 당시는 주입식 교육이었고 창의적인 교육이 필요하다고 생각하는 사람도 별로 없었던 것 같다.

　1990년대 초 대학수학능력시험이라는 좀 더 창의적인 입시제도 덕분에 암기력에서 사고력으로 중요성이 전환되었다. 그제야 독서의 중요성을 깨달았지만 너무 늦었다. 지금은 어떤가? 요즘 초등학생들을 보면 평가제도만 없을 뿐 독서록이나 사고력 수학 등 생각하는 힘을 요구하는 평가가 많다. 당시를 회상해보면 독서에 큰 관심이 없던 필자는 독해력이 약해서 고등학교 때 언어영역 지문을 빨리 읽는 데 어려움을 겪었다. 그 시절을 회상해보면 '영웅문' 같은 무협지를 읽었던 친구들이나 어릴 때부터 책을 좀 더 많이 읽은 친구들이 언어영역뿐만 아니라 다른 영역에서도 갑자기 두각을 나타나는 경우가 많았다.

독서를 많이 안 하던 필자는 어느덧 20대가 되었다. 이제 취업 준비에 바쁘다는 핑곗거리가 생겼다. 30대가 되니 직장생활에 결혼에 약간의 육아에 나름 더 바쁘다는 핑곗거리가 생겼다. 사실 바쁜 것은 핑곗거리가 될 수 없는데 말이다. 필자의 20~30대를 되돌아보면 책을 사는 것은 매우 좋아했지만 거기까지였다. 읽는 데 시간이 오래 걸리고 다람쥐 쳇바퀴 같은 일상 때문에 몇 권 읽거나 소장한 경우가 많았던 것이 사실이다.

당시는 지금처럼 독서모임이 활성화되지 않은 때였다. 지금 생각해보면 당시의 독서 개념과 현재의 독서 개념은 차이가 커 보인다. 지금은 독서법 관련 책들도 많이 출간되었다. 필자가 38세가 되던 해, 책을 읽게 된 동기는 내게 필요한 도서의 독서였다. 그것은 나를 흥미로 이끌며 속독하게 만들었고 다독이나 발췌독까지 하는 계기가 되었다. 부동산 책을 읽으면서 다독하고 싶다는 생각이 들었고 어느덧 평소 관심 분야였던 경제경영, 자기계발 전반에까지 독서 영역이 확장되고 있었다. 더 이상 소장하는 책이 아니라 읽고 밑줄 긋고 발췌하는 전략독서로 한 차원 발전한 것이다. 책 한 권에서 저자의 메시지를 얻기 위해 노력했다.

책을 고르거나 구매하는 것도 전보다 신중해졌다. 나도 모르게 안목이 조금씩 넓어진 것이다. 그런데 '책 읽기 = 독서'는 묘한 매력이 있었다. 읽으면 읽을수록 더 알고 싶었고 한 권을 읽으면 계속 확장해 읽게 되었다. 독서뿐만 아니라 세상 모든 이치가 그렇다. 전혀 신경 쓰지 않거나 모르면 호기심도 없으며 다 안다고 생각하고 살게 된다. '우물 안 개구리'였다가 알면 알수록 더 알고 싶고 읽고 싶은 것이 독서였다.

여행을 좋아하면 그 매력에 흠뻑 빠져 여러 나라를 여행하듯 독서도 같은 면이 있었다. 어쨌든 독서의 방향과 속도가 붙다 보니 한 달에 최소 10권 이상 읽었다. 문학작품처럼 줄거리가 연결되지 않아도 되는 자기계발, 경제경영서였지만 늦어도 사흘 안에 완독한 기억이 난다. 내가 느꼈던 점은 읽고 싶은 흥미를 갖고 그 분야를 계속 읽다 보면 자연스럽게 속도가 빨라진다는 것이다. 꼬리에 꼬리를 물고 다른 책들도 계속 읽었다. 속독과 발췌독이 가능해지면서 모르는 내용이 많거나 현실에 적용할 내용이 많은 책은 여러 번 읽었다.

지금도 필자가 주로 읽는 책은 경제경영서와 자기계발서가 80% 이상이다. 인문, 문학책은 관심이 덜하고 재미를 별로 못 느끼는 편이다. 최근 독서모임을 하면서 심리학이니 철학과 같은 인문학도 읽고 있는데 속도는 좀 느리지만 생각하는 시간을 갖게 해줘 긍정적인 효과가 컸다. 독서모임은 여러 분야의 책을 다양한 경험을 가진 사람들이 토론함으로써 얻는 효과가 크다는 것도 느꼈다. 자신이 잘 알거나 좋아하는 분야만 읽으려면 혼자 읽는 것이 나을 수도 있지만 균형적인 독서를 위해서는 함께 읽을 필요도 있다. 필자는 38세 때부터 만 5년 동안 매년 100권 이상 읽는 중인데 독서 노트에 독서리스트도 작성하고 있다. 작년부터는 느낀 점, 깨달은 점, 적용할 점 등을 생각해 몇 줄이라도 적어본다. 필자의 경험상 독서 노트에 최소한 리스트라도 작성해볼 것을 추천한다. 그러다 보면 한쪽에 치우친 독서를 덜 하게 되고 책에 따라 몇 권을 읽었는지 체크하면서 집중적인 독서가 가능해지는 긍정적인 효과도 있다. 책 내용도 잘 기억난다.

필자가 자주 구매하는 서점의 홈페이지에서 장바구니에 들어가 보면 항상 수십 권이 담겨 있다. 추천받은 책이나 읽고 싶은 책을 장바구니에 일단 담고 한 번 더 고민한다. 사야 할 책과 도서관에서 빌릴 책, 당장 필요하지 않은 책으로 구분하며 내 지갑을 신중히 열게 하는 효과가 있다. 그럼에도 매달 10권 정도 산다. 필자는 도서관에서 빌려온 책들을 읽을 때도 있지만 대부분 구입해 읽는 편이다.

필자가 책을 읽으면서 느낀 점은 흥미로운 관심 분야의 책부터 읽어야 하고 사야 할 책과 빌려서 봐도 될 책을 구별해야 한다는 것이다. 같은 시간에 더 효율적인 전략독서를 위해서는 책을 잘 선택하는 요령이 필수다. 책을 고르는 데 시간을 들이는 것은 독서하는 데 시간을 들이는 것만큼 큰 의미가 있다. 내가 필요한 책, 내게 맞는 책을 고르는 것도 능력이다. 베스트셀러가 아니더라도 좋은 책들을 찾을 수 있으며 고전과 같은 스테디셀러를 찾아내는 것도 좋다.

필자가 책을 많이 읽어서 이 글을 쓰는 것이 아니다. 우리나라 사람들은 바쁜 일상에 쫓기다 보니 독서습관이 부족하거나 시작하지 못하는 경우가 많은데 내 경험담을 읽으면서 조금이라도 도움이 되길 바라는 마음에서이다. 좋아하는 분야의 책을 읽는 것처럼 즐겁고 행복한 것도 없다. 새로운 곳으로 여행가는 느낌이라고 할까!

처음 갈 때는 설렘이 너무 좋고 여러 번 갈 때는 깊이를 더 느낄 수 있어 좋다. 같은 곳을 가더라도 갈 때마다 다른 점을 느끼는 것이 독서와 여행의 공통점이다. 요즘처럼 여행을 가기 힘들 때는 더더욱 책으로 간접 경험을 해보라고 강력히 권하고 싶다. 독서리스트를 만들거나 간단한 서평을 써도 좋다. 필자도 독서를 하면서 리스트나 서평을 쓰지 않으면 나중에 이 책을 읽었는지 기억이 안 나는 경우가 있다. 서평을 쓰는 데 너무 부담을 가질 필요는 없다. 간단히 몇 줄만 기록하길 권한다. 책을 읽은 후 간단히 느낀 점 3줄, 적용할 수 있는 부분 3줄, 간직하고 싶은 좋은 문구 3줄만 쓰면 된다고 생각한다. 1줄이라도 좋으니 쓰기를 실천해보자.

독서는 마흔 이후 살아갈 힘 중에서도 기본이자 출발선이라고 생각한다. 정보나 통찰력을 얻는 기본적인 출발점이기 때문이다. 사람의 변화를 이끄는 힘은 독서에서 나온다는 사실을 선대 위인들까지 굳이 거슬러 올라가지 않더라도 알 수 있다. 그렇다면 지금부터라도 매일 30분씩 독서를 해야 한다. 책이 사람을 바꾸는 것이 아니라 바뀌려는 사람이 책을 찾는다. 평생 책을 읽지 않은 사람은 시간적, 공간적으로 자기만의 세상에 감금당한 꼴이다. 지식이 있다고 리더가 되는 것은 아니지만 지식 없이 리더가 되는 것은 불가능하다.

1. 독서 노트를 쓴 날짜, 책 제목, 저자

독서 노트를 쓴 날짜, 책 제목, 저자를 적는다. 번역서인 경우, 원제목도 적는 것이 좋다. 독서 노트에서 필요한 내용을 찾을 때나 독서 노트의 내용과 내 삶을 연결해 회고할 때는 독서 노트를 쓴 날짜가 반드시 필요하다.

2. 중요 문장(필사)

중요한 문장은 필사하는 것이 좋다. 책을 읽으면서 중요한 문장들에 밑줄을 잘 쳐두었다면 이 단계가 쉬워진다. 밑줄 친 문장 중에서 한 번 더 선별작업을 거친 후 옮겨 적기만 하면 되기 때문이다. 밑줄 친 문장을 다 옮겨적으려고 하지 말고 그중에서 더 중요한 문장을 골라 노트에 옮겨 적어라. 문장을 옮겨 적을 때는 그 문장의 페이지 번호도 꼭 적어야 한다.

3. 필사한 문장에 대한 나의 생각

독서 노트에 책 속의 문장을 필사한 후 그 문장을 읽으면서 떠오른 생각을 적는다. 그 문장을 어떻게 이해하고 해석했는지 내 생각을 적어본다. 문장 내용을 내 삶에 적용하면 어떻게 될지 생각해보고 노트에 적어본다.

4. 책을 읽으면서 떠오른 질문

책을 읽으면서 떠오른 질문도 독서 노트에 적는다. 질문이

떠올랐을 때는 머릿속에만 간직하지 말고 독서 노트에 옮겨 적는 것이 중요하다. 적어두지 않으면 기억에서 금방 사라진다.

5. 책의 핵심 내용 요약정리

책 내용 중에서 기억해둘 만한 중요 내용이 있다면 녹서 노트에 요약정리해두어야 한다. 요약정리를 잘해두면 나중에 책 내용이 기억나지 않을 때 독서 노트에 정리된 내용을 보고 기억을 금방 되살릴 수 있다.

6. 책을 읽고 깨달은 것, 얻은 것

책을 읽고 새로 깨달은 것, 얻은 것을 생각해보고 독서 노트에 적는다. 책이 여러분의 생각과 경험을 어떻게 변화시켰는지 적어본다. 책에서 얻은 것을 떠올려보고 독서 노트에 적으면서 책의 가치를 확인하고 책이 가져다준 변화를 인식하게 된다.

7. 실천 항목

책을 읽고 내 삶에 적용하면 좋을 만한 항목을 생각해보고 실천 계획을 적는다. 자기계발서라면 책에서 알려준 내용 중에 따라 해보고 싶은 항목을 적으면 된다. 어떤 책에서든 삶에 적용할 포인트를 발견할 수 있으니까.

— 신정철의 〈메모독서법〉 중에서 —

우리나라의 40대는 대부분 나와 비슷하게 경험하고 있겠지만 일부는 젊은 시절부터 독서를 꾸준히 해오면서 인생을 변화시키고 있다. 여러분도 아직 늦지 않았다. 다시 한 번 오늘 나 자신을 독서라는 두 글자를 놓고 되돌아보자. 필자는 10대 시절을 되돌아보면 교과서 외에 많은 책을 읽지 못했다. 20대 때는 대학에 입학해 공부하며 여러 활동과 취업 걱정으로 책 읽을 시간이 없었다. 30대 때는 직장생활과 함께 가정을 이루어 시간이 없었다. 돈을 벌고 가정을 돌보아야 할 입장에서 나 혼자만의 자기계발로 비치는 독서에 시간을 할애하기 쉽지 않았던 시기다. 그러니 지금 40대가 자신과 가족을 위해 체계적인 독서를 시작할 최적의 터닝 포인트라고 생각한다.

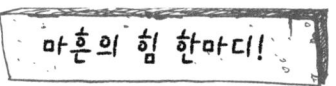

> 독서는 자기계발의 기본이자 인생의 등대 역할을 한다. 독서에서 재미를 느끼는 것은 성장하는 인생을 향한 큰 걸음이라고 확신한다.

01 읽을수록 더 읽고 싶어지는 독서의 재미를 느끼다

[독서에는 재미, 깨달음, 감동뿐만 아니라 무궁무진한 가치가 있다.]

02

책 속에 길이 있다는 말이 맞다는 것을 깨달았다

'책 속에 길이 있다'라는 옛말이 있다. 필자가 그 뜻을 알게 된 것은 마흔이 다 되어서였다. 마흔 이후의 불안하고 안개 같은 인생의 답을 아무도 제시해주지 않았다. 사실 안 해준 것이 아니라 못 해준 것이리라. 우리가 살아가면서 통찰력을 갖는 것은 매우 중요하다. 독서는 그런 면에서 깨달음을 계속 준다. 현재의 50~60대가 겪어온 과거는 일부 부유층을 제외하면 경제적, 정신적으로 여유가 없던 격동기였다. 그래서 마음 편히 독서하면서 여유(?)를 부릴 시간이 없었을 것이다. 현재의 30~40대도 그때보다 물질적으로 풍요하고 도서관도 많아진 시기를 보냈지만 책을 읽는 독자는 아직 한정적인 것이 사실이다. 독서도 결국 양극화의 격차가 심한 분야로 추정된다.

책 속에서 위대하고 대단한 것을 한 번에 발견할 수도 있지만 작지만 소소한 작가의 가르침을 발견할 수도 있다. 그것이 자신을 성공으로 이끄는 파워로 작용할 것이다. 책을 읽다 보면 관심 분야를 더 깊이 알게 되고 몰랐던 분야도 새로 알아가게 된다. 그러면서 해당 분야에 대한 1차적 지식과 2차적 지혜를 겸비할 기회가 온다. 물론 강의나 직접 경험도 있겠지만 시간과 비용 대비 최고의 간접 경험이자 인생의 내비게이션인 셈이다.

필자는 독서의 역할 중 가장 중요한 것은 자아성찰이라고 생각한다. 자아성찰 없이 통찰력을 얻을 수 없으며 지식을 내게 적용할 수도 없다. 내가 누군지도 모르는데 책을 어떻게 받아들일 수 있을까? 내가 추구하는 것과 내가 가려는 길의 방향부터 알아야 한다. 책을 읽으면서 저자와 만나면 그들은 나와 다른 경험을 선물한다. 읽으면서 자극을 주는 책이 있다면 더 가까이하면 된다. 인간관계에서도 배울 점이 있는데 어렵고 불편한 사람이 있다. 나를 위해 쓴소리를 마다하지 않는 사람일 것이다. 아마도 그런 차원에서 책이나 멘토를 만난다면 한층 성숙한 나를 만날 것이다. 그것이 성장이다. 책도 마찬가지다. 책은 우리에게 몰랐던 사실이나 생각을 전달해준다. 게다가 나보다 한 차원 높은 고수들을 통해 분야는 달라도 어느 길을 걸어야 성장할 수 있는지를 보여준다. 책 속에서 간접적으로 가르쳐주는 선인들에게 감사할 줄 알고 책이 주는 교훈과 가르침을 빨리 깨닫는다면 우리 인생은 남들보다 좀 더 빨리 정상을 향해 성장할 것이다. 정상의 위치보다 중요한 것은 그 과정을 즐기는 것이리라.

'책 속에 길이 있다'라는 말을 들으면 교보문고 광화문점에 붙어있던 '사람은 책을 만들고 책은 사람을 만든다'라는 문구가 떠오른다. 실제로 독서는 가장 빨리 사람을 성장·발전시키는 방법이다. 그 어떤 방법도 독서보다 사람을 빨리 변화시킬 수 없다고 생각한다. 자신이 생각하면서 깨닫기 때문이다. 어떤 책을 읽었을 때 자신의 과거를 성찰하고 느낀 점이 많다면 나침반이 되는 책이며 나와 잘 맞는 책이라고 할 수 있다. 소중한 멘토나 롤모델을 만나도 그렇듯 책도 마찬가지다. 소중한 책은 나의 변화를 이끌어술 고귀한 가치가 있다.

한편, 간절히 변화를 끌어내려는 나의 바람이 없다면 변화는 절대로 일어나지 않는다. 필자가 책 속에 길이 있다고 느낀 것은 독서의 맛을 느낀 것과 더불어 필자를 긍정의 깨우침으로 변화시키고 조금씩 성장시키고 있다고 강하게 느꼈기 때문이다.

아무리 책 속에 길이 있다지만 그냥 책이 좋아서 생각 없이 읽으면 안 된다. 한발 더 나아가 독해력뿐만 아니라 요약능력, 사고력, 문제해결 능력 등을 갖추도록 적극적이고 생산적인 독서를 하는 것은 우리 몫이다. 여러 분야를 적절히 분배해 읽을 필요도 있다. 자기계발, 경제경영 분야뿐만 아니라 인문, 고전서 등에도 꾸준한 관심을 가져야 한다. 다양한 분야의 양질의 책을 읽는다면 침침했던 내 앞길이 훨씬 더 밝아 보일 것이다. 고백하건대 필자도 다양한 분야를 읽고 있지만 소설까지 아우르지는 못한다. 여러분도 모든 분야를 읽어야 한다는 스트레스는 받지 말고 카테고리를 조금씩 넓혀보길 바란다.

독서에도 집중과 포트폴리오가 필요하다. 평소 소설이나 에세이를 좋아했다면 이제 실용서도 읽으면서 폭을 넓혀야 한다. 필자는 독자의 성향이나 취향까지 한 번에 바꾸라고 말하고 싶지는 않다. 자신만의 관심 분야에서 조금씩 비율을 조절해가면서 한 걸음씩 넓혀가길 권한다. 시간을 내어 서점에서 전반적으로 책을 둘러보는 것도 최근의 시장 흐름을 읽어볼 수 있는 훌륭한 공부다. 온라인으로 목차만 살펴보면 한계가 있으므로 오프라인 서점은 한 달에 두 번 이상 갈 것을 추천한다. 분야별 베스트셀러와 신간만 둘러보아도 공부가 된다.

한 분야만 탐독하는 것은 해당 분야의 지식은 깊이 쌓을지 몰라도 시대적 통찰력이나 흐름, 사고력 등을 균형적으로 갖추기는 어렵다. 현재 필요한 관심 분야의 책이 있다면 그 분야를 집중적으로 10권 이상 읽으면서 전략독서를 하면 된다. 그렇게 한 분야씩 차근차근 적극적, 생산적인 독서를 하다 보면 읽고 싶은 책이 점점 많아지고 자신이 부족하다는 것을 그때서야 비로소 느끼게 된다. 뭐든지 모르면 질문도 없고 더 알고 싶은 생각도 없다. 독서도 마찬가지다. 알면 알수록 궁금해진다. 필자가 30대까지 하지 못했던 독서를 못 했다고 후회하지 말라. 지금이 기회다.

4차산업혁명 이후 불확실성이 커지는 지금 독서로 삶의 철학을 확고히 하는 데 시간을 투자하라. 불안감을 없애주는 동시에 지식과 지혜를 넓혀주고 인생의 큰 무기가 될 것이라고 확신한다. 원래 자기가 아는 만큼만 보이는 법이다. 관심 분야에 대해서만 다른 사람들에게 질문하게 된다.

그렇다면 이제 누군가를 만났을 때 이렇게 물어보면 어떨까? "요즘 어떤 책을 읽으세요?" 사실 이 질문은 "최근 등산 어디 가셨어요?", "이 근처에 맛집 없나요?"와 같은 일상적인 질문과 같이 생각하면 좋을 것이다. 특별하거나 잘난 척하는 질문이 결코 아니며 상대방을 난처하게 만드는 질문은 더더욱 아니라는 뜻이다. 독서에 대해 뜻이 같거나 비슷한 취향을 가졌을 때 서로 공감대를 형성하는 것은 너무나 자연스럽게 이어진다.

지금부터 독서 이야기를 여행이니 맛집에 다녀온 이야기처럼 자연스럽게 했으면 좋겠다. 그러면 여러분은 질문 하나로 상호 생각이나 가치관을 금방 알아챌 수 있고 나와 생각이 맞는 사람을 훨씬 더 빨리 알아채고 친해질 수 있을 것이다. 앞으로도 더 많은 생산적인 이야기를 나눌 수 있는 평생 친구를 만날 가능성도 커진다.

책을 읽음으로써 나도 모르게 향상되는 능력

1. 지문 독해력

2. 글을 읽으면서 요약하는 능력

3. 사고 확장 능력

4. 문제해결 능력

내가 아는 지식과 지혜가 작은 부분이라는 것을 깨달은 사람이라면 성장할 준비가 되어 있고 발전 가능성도 크다. 그 불편한 진실을 인정하고 1천 권, 2천 권을 읽겠다고 생각하길 바란다. 흔히 전략독서라고 하는데 독서를 통해 변화하려는 노력과 의지가 있을 때 비로소 책 속에 길이 있다는 사실을 기억하자. 그리고 그런 의지로 매일 30분이라도 독서하는 습관을 갖길 바란다.

> 40세 중년이 되어서야 앞으로 어떻게 살아갈 것인지 의문이 들기 시작했다. 아무도 대답해주지 않았고 저자도 그 대답을 내릴 수 없었다. 답답한 마음에 우선 책이라도 읽어보자는 심정으로 독서를 시작했다. 막막했던 독서가 1년에 100권을 넘어서면서 독서에 빠져들었고 조금씩 삶의 의미와 가치, 앞으로 나아갈 길에 대한 대답에 접근할 수 있었다.
>
> — 허필선의 〈마흔, 책과 사랑에 빠지다〉 중에서 —

＊ 기적의 5단계 독서법

1단계 : '가설 세우기'를 통해 빠르고 정확히 글의 내용을 이해하는 독해력
2단계 : '취재하며 읽기'로 논리적 사고력
3단계 : '정리하며 읽기'로 요약 능력
4단계 : '검증하며 읽기'로 다양한 관점을 가질 수 있는 객관적 사고력
5단계 : '토론하며 읽기'로 응용력을 다져 책을 통해 얻은 지식을 다른 곳에도 활용하게 해 완벽한 내 것으로 만들어준다.

— 니시오카 이세이 〈기적의 독서법〉 중에서 —

> 마흔의 힘 한마디!
>
> 독서는 인생의 나침반과 등대가 되어주는 소중한 존재다. 재테크나 SNS에서 성장하더라도 출발점은 책에서 시작된다는 사실을 기억하자.

03

한 달에 한 권에서
1년에 100권 독서로

　5년 전쯤 필자가 본격적인 독서를 시작하기 전까지는 바쁘다는 핑계와 더불어 독서할 시간에 다른 취미생활을 더 하자는 생각이 많았다. 독서가 내 인생에서 나침반이나 깨달음을 줄 거라고 굳건히 믿지 못했던 것 같다. 하지만 독서는 필자를 분명히 몇 단계 업그레이드시켜 줄 강력한 자기계발의 무기라는 것을 어느 순간 깨닫게 되었다. 당장 독서가 수익이 안 될 수는 있지만 미래가치는 무궁무진하다. 일단 일주일에 한 권부터 시작해보자.

　필자의 경험상 아침에 더 일찍 기상해 1시간 동안 독서하고 1시간 동안 글쓰기를 한다면 하루 일과의 완성도와 밀도가 훨씬 높아질 것이다. 성취감에 기분까지 좋아질 것이다. 지식뿐만 아니라 내 마음속의 자존감이 출근 전부터 높아진 상태에서 하루를 시작하는 것이다. 독서를 취미의 하나로 가볍게 여기지 말고 생존독서와 전략독서를 가슴에 새기면서 독서에 임해야 한다.

　우선 자신의 독서량과 현재의 하루 독서시간부터 살펴보아야 한다. 자신의 현재 상황에 대해 좌절하거나 한숨 쉴 필요가 전혀 없다. 어차피 지금부터 시작하는 것이 가장 빠르다고 생각하자. 뭐든지 그것이 그때부터 시작되는 이유를 내 운명(?)으로 받아들일 필요가 있다. 그때부터는 가까운 미래만 바라보고 현재를 충실히 실행하는 것이 좋다. 필자도 뭔가를 알았을 때 그것을 왜 지금에야 알았는지 고민하며 자책할 때가 있었는데 미래로 나아가는 데 전혀 도움이 안 되고 필자의 전투력만 손실될 뿐이었다.

　독서는 나의 현재뿐만 아니라 미래까지 밝혀줄 수 있다. 살아갈 힘을 길러주는 독서를 취미로 생각하면 발전할 수 없다. 사실 누가 1년에 몇 권 읽으라고 시키지도 않았고 숙제도 내준 적이 없는데 어떤 사람은 독서를 통해 깨달아 성장·발전하고 다른 어떤 사람은 독서의 중요성을 늦은 나이까지도 깨닫지 못한 채 살아간다. 필자의 경험상 독서를 많이 한 사람을 만나면 나이보다 훨씬 성숙했다. 단언컨대 지금 슬럼프이고 힘들어서 도전과 돌파구가 필요하다면 독서부터 시작하라고 말하고 싶다.

최근 작가님 한 분을 만난 적이 있다. 그분은 너무 힘든 시기에 도서관에서 3년 동안 수천 권을 읽으며 어두웠던 현재와 미래의 걱정과 두려움을 극복했다고 말했다. 그 외에도 꾸준한 독서로 감동적인 스토리를 펴낸 분들도 무척 많다. 지금부터라도 독서를 꾸준히 해야 한다. 한 달에 몇 권을 목표로 억지로 하는 독서가 아니라 자율적으로 페이스 조절을 해가면서 평생 읽어야 하는 소중한 존재가 독서다. 읽으면 읽을수록 세상을 내다보는 통찰력이나 삶의 지혜가 더 생길 것이다.

그럼 독서시간은 어떻게 확보해야 할까? 신문 읽듯이 일정한 시간에 일정한 패턴으로 책을 읽는 것이 좋은 방법이다. 아침에 맑은 정신에 읽거나 퇴근 후 여유 있게 읽으면 된다. 스케줄상 어렵다면 틈새 시간을 적극적으로 활용해야 한다. 회사에서는 점심시간이나 출·퇴근 시간을 활용해보고 집에서는 TV나 유튜브 시청 시간을 줄이거나 잠을 줄여야 한다. 독서를 걷기와 같이 매일 습관처럼 하면 된다. 만 보를 걸었다면 독서도 1시간 동안 해야 한다. 그만큼 당연시해야 한다는 뜻이다. 필자는 여행을 갈 때도 책 1~2권을 챙겨간다. 새로운 여행지 숙소에서 느끼는 독서의 즐거움을 느껴봤기 때문이다. 물론 가져갔는데 못 읽은 적도 있다. 하지만 좋은 책들이 가까이 있으면 기분이 좋고 든든해 앞으로도 계속 가져갈 생각이다.

　자신만의 패턴으로 독서습관이 자리잡는다면 그때부터는 구체적인 계획을 세워 몇 권을 읽을지 결정하면 된다. 그리고 주간 단위, 일간 단위로 세분화하면 매일매일의 목표점이 된다. 나는 녹서도 구체적인 목표가 있어야 한다고 생각한다. 독서 시간도 중요하지만 단 몇 페이지라도 매일 읽는 것이 좋다. 다만, 목표 달성을 위해 문맥의 이해 없이 너무 속도를 내며 읽는 패턴은 피해야 한다. 정성껏 읽어야 머릿속에 남고 책 속의 단 한 줄이라도 실천할 수 있기 때문이다.

　빌 게이츠는 "하버드대 졸업장보다 소중한 것은 독서습관이다."라고 말했다. 그만큼 고대 소크라테스부터 현대의 빌 게이츠까지 자신만의 루틴으로 독서하는 것을 중시했다. 우리가 1년에 100권을 읽는다면 자신만의 노하우가 필요하다고 말하고 싶다. 그래야 100권 독서가 가능하고 조금이라도 내 것으로 더 만들 수 있기 때문이다. 그중에서도 매일 꾸준히 읽는 것이 가장 기본이라고 생각한다.

　필자는 페이지가 너무 많으면 가끔 중간이나 뒤에서부터 읽기도 한다. 400페이지 이상은 읽기 힘들 때가 있기 때문이다. 내용을 빨리 읽으면서도 중요한 요점을 파악할 능력이 있다면 그렇게 해도 될 것이고 내용이 낯설어 천천히 읽어야 한다면 자신만의 방법을 찾아야 한다. 어쨌든 자신만의 구체적인 패턴이 있어야만 지치지 않고 1년에 50권이든 100권이든 읽을 수 있을 것이다.

자신만의 독서 스킬만 습득한다면 얻고 싶은 정보를 빨리 얻을 수 있다. 사실 독서뿐만 아니라 어떤 것이든 트레이닝과 시행착오 시간은 자연스럽게 필요하다. 지금의 내가 독서에 집중할 자신만의 리딩 타임(한 번에 집중해 읽을 수 있는 지속시간)이 짧다고 실망할 필요는 없다. 계속 트레이닝하면 계속 길어질 수 있기 때문이다. 부디 여러분도 책에서 뭔가를 얻어내려는 진취적이고 전략적인 독서로 인생의 자신감과 전문성을 더 확고히 갖추길 바란다.

* **필자가 500권을 읽으면서 느낀 점!**

- 처음 100권 읽기가 가장 어려운 단계다. 오히려 그 다음 200권은 쉽다.
- 1년에 100권씩 읽을 때마다 시야가 넓어지는 느낌이었다.
- 어떤 책을 읽더라도 독서시간은 절대로 시간 낭비가 아니다.
- 자신에게 필요하고 잘 맞는 책을 선별하는 능력이 생긴다.
- 생산적, 적극적 독서가 필요하다.
- 타인의 독서법보다 자신만의 독서법이 중요하다.
- 독서를 즐길 줄 알아야 하고 일정한 시간에 독서하는 습관이 중요하다.

> "매일 책을 펼치는 것만으로도 자존감이 살아나고 열정에 불이 붙는다!"
>
> 평범한 사람도 특별하게 만드는 독서는 최고의 스펙이다.

- 전안나의 〈1천 권 독서법〉 중에서 -

* 에센스 리딩의 8가지 기술

1. 목차에서 내용 구성을 파악한다.
2. 프롤로그와 제1장은 이해할 수 있는 속도로 읽는다.
3. 책 제목 관련 부분을 중점적으로 읽는다.
4. 굵은 글자는 반드시 읽는다.
5. 사례는 대강 훑어본다.
6. 항목별 요점을 확인한다.
7. 중요하다고 생각한 부분에 표시한다.
8. 에필로그를 가볍게 확인한다.

- 남영화의 〈하루 한 권 독서의 힘〉 중에서 -

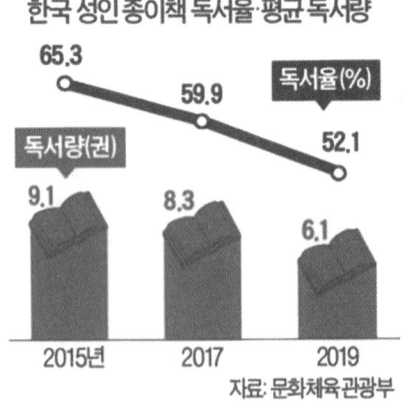

[광역 지자체별 주요 독서지표 현황]

지역	연간 독서율(%)	연간 독서량(권)	평일 독서 시간(분)	공공도서관 이용률(%)	독서 프로그램 참여율(%)	평균 이상 항목 수 (개)
전체 평균	55.7	7.5	33.1	23.9	3.0	5대 항목
서울	69.9	10.7	47.2	32.4	4.7	5
부산	55.7	4.8	26.1	21.1	6.4	2
대구	58.1	6.4	48.0	26.0	2.9	3
인천	66.5	11.4	55.9	30.1	5.5	5
광주	47.1	5.9	25.4	20.6	3.5	1
대전	39.3	5.7	11.9	12.2	1.0	–
울산	58.3	5.4	18.5	20.9	4.4	2
세종	53.4	11.2	21.4	27.8	2.6	2
경기	60.2	8.9	61.2	28.0	2.6	4
강원	56.7	8.9	36.0	28.6	1.3	4
충북	48.5	4.6	14.1	11.9	0.8	–
충남	41.9	3.1	12.5	13.4	1.8	–
전북	36.6	3.4	30.0	6.2	0.0	–
전남	42.1	5.0	21.9	10.0	1.6	–
경북	31.9	4.7	23.0	20.0	1.0	–
경남	42.4	3.6	23.7	15.2	0.7	–
제주	63.5	9.4	36.6	25.8	5.1	5

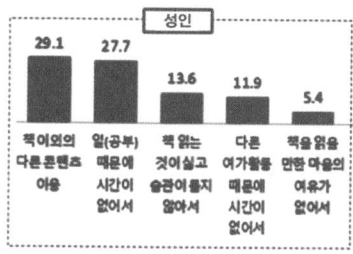

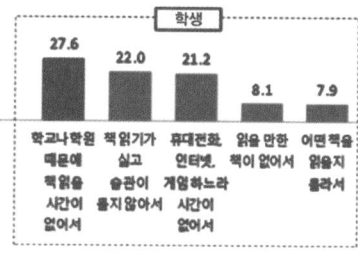

03 한 달에 한 권에서 1년에 100권 독서로

> **마흔의 힘 한마디!**
>
> 매일 일정한 시간에 30분~1시간 동안 독서하라. 일주일에 한 권씩 읽으면 1년에 50권을 읽을 수 있을 것이다. 다독하면서 자신을 단련시키다 보면 어느새 자신만의 독서습관이 생길 것이다.

04
밑줄 읽기에서
요약을 거쳐 실천으로

필자가 책을 집중적으로 읽기 시작한 것은 38세 때였다. 이후 다독하면서 나만의 책 읽는 방법이 자연스럽게 생겼다. 사실 그때까지 독서법 관련 책을 읽은 적은 전혀 없었고 그런 책이 있는지도 몰랐다. 최근 독서모임을 하면서 독서법 관련 책이 이렇게 많은지 처음 알게 되었다. 나는 독서를 다음과 같이 2가지로 분류해서 한다. 한 번만 읽어도 충분히 이해가 되면서 정보를 얻을 수 있는 책과 최소 2~3번은 읽어야 그 책에 담긴 저자의 소중한 메시지를 알 수 있는 책으로 분류한다. 독서법은 개인마다 차이가 있으니 자신만의 독서법을 참고하는 것이 좋겠다.

필자는 첫 번째나 두 번째 책을 읽을 때는 연필로 밑줄을 그어가면서 읽는 습관이 생겼다. 세 번째 읽을 때는 밑줄 부분을 안 보고 그 외 부분을 읽었다. 자칫 밑줄 부분만 눈에 들어와 읽힐 수 있는 단점을 보완하기 위해서였다. 책에서 얻을 수 있는 부분에 밑줄을 긋는 것은 세 번 안에 끝난다고 볼 수 있다. 새로 알게 된 내용이나 밑줄 그은 내용이 많지 않으면 첫 번째 읽고 나서 요약할 때도 있다. 그 후 밑줄 그은 내용을 블로그나 독서 노트에 기록한다. 이것도 책 내용에 따라 다른데 밑줄 그은 내용이 너무 많으면 최소한의 내용만 독서 노트에 기록한다. 참고할 내용이 너무 많은 책은 포스트잇을 사용하길 권한다.

책을 사서 읽고 소장하는 것은 다시 보기 위해서다. 한 번 가볍게 읽고 말 책이라면 도서관에서 빌려도 된다. 밑줄을 긋는 것도 다시 보기 위해서다. 독서 노트도 마찬가지다. 책의 핵심 부분, 현실에 적용할 수 있는 부분을 줄여나가는 것이 심플한 독서법이다. 결국 구매한 책을 활용해 현실에 적용하는 것이 최대 관건이라고 생각한다. 그냥 읽기만 하면 1주일 후에 기억에 거의 안 남을 것이고 다음에 처음부터 다시 읽으려면 시간이 많이 걸릴 것이다. 결론적으로 밑줄 긋기와 요약·단순화해 정리하기는 현실 적용과 시간 활용 면에서 매우 중요하다.

책장의 책을 정리할 때도 카테고리별로 정리하는 것이 일반적이지만 읽는 빈도에 따라 정리하는 것도 좋은 방법이다. 시험공부할 때 실력이 부족한 과목에 시간을 많이 투자하듯이 아직 잘 모르는 분야에서 여러 번 읽어야 할 책은 요약이나 독서 노트 외에도 원본 책을 다시 볼 가능성이 크다. 북 큐레이터가 주제별로 책을 분류하듯 우리도 개인적으로 책을 보관하면서 체계적으로 분류해야 한다. 필자도 머지않아 책이 더 많아지면 방 전체에 책장을 만들어 주제별로 분류하고 읽는 빈도에 따라 2차 분류를 할 생각이다. 소장한 책이 더 많아지면 그렇게 해볼 생각인데 책을 더 효율적으로 펼쳐볼 수 있어 발췌독할 때 좋을 것 같다.

최근 알게 된 사실인데 빌 게이츠와 스티브 잡스 등은 그냥 독서를 실천한 것이 아니었다. 무작정 읽지 않고 자신만의 방법으로 효율적으로 독서했다. 이처럼 효율적인 독서야말로 시간이 부족한 우리에게 훨씬 더 의미가 있으며 독서를 통해 성장할 수 있게 해줄 것이다. 책을 많이 읽는 사람들 중에 그들의 삶의 태도나 인생이 달라지거나 행동습관이 달라지지 않는 것을 가끔 본다. 그런 경우, 책을 의미 있고 효율적으로 읽지 않고 단순히 글자 그대로 읽은 것이라고 본다. 결론적으로 독서는 독서법에 따라 결과는 전혀 달라진다고 생각한다.

한 달에 한 권을 읽으면서 독서가 취미라고 말할 수 있을까? 한 번만 읽고 밑줄 긋기도 없이 어떻게 다 읽었다고 말할 수 있겠는가? 요약이나 독서 노트도 작성하지 않을 거라면 책을 통해 메시지를 얻어내기 힘들 것이다. 기본적으로 인간은 망각하는 습성 때문에 효율적인 독서가 필요하다고 한 번 더 강조하고 싶다.

책 읽기가 아닌 신문이나 뉴스 읽기는 어떤가? 독서를 말할 때 책만 생각하는데 인터넷 뉴스, 신문, 잡지 등도 독서다. 신문을 읽으면서 매우 중요한 정보를 읽고 핵심을 파악하는 능력도 책을 읽는 것과 같은 요약이다. 신문기사 정보를 읽을 때 스크랩해 중요 부분을 요약하거나 형광펜으로 밑줄을 긋는다면 다시 볼 때 한눈에 볼 수 있는 장점이 있다. 그것이 스마트 리딩이자 에센스 리딩이다.

지금까지 필자가 말한 밑줄 긋기와 요약하기는 필사하기, 핵심 파악하기 등으로 연결되는 리딩 방법이다. 밑줄 긋기와 요약하기가 1, 2단계 기본 과정이라면 필사하기와 핵심 파악하기는 3, 4단계 심화 과정이다. 이 과정들은 핵심정보를 얻어내고 나중에 볼 때도 짧은 시간에 내용을 파악해 나의 독서시간을 효율적으로 이끌어준다.

모든 사람이 타인의 독서법을 그대로 따라하기보다 자기 것으로 받아들여 조금 변형시켜 적용시키면 좋을 것 같다. 한 달에 한 권, 10권을 읽는 것도 중요하지만 독서량보다 효율적인 독서습관이 더 중요하다. 그래야만 앞으로 인생에서 독서가 삶의 날카로운 무기가 될 것이기 때문이다. 더 많이 더 빨리 읽기보다 중요한 것은 읽는 방법이다. 매일 꾸준히 최소 30분이라도 효율적으로 읽는 습관을 100일 동안 길러보자. 그것이 바로 거북이의 스마트 독서이고 그것을 현실에 적용하면 독서는 목표에 도달하게 된다. 좋은 책 한 권 읽기는 결국 이렇게 최종 완성된다.

책을 처음 읽을 때부터 현실에 접목하겠다고 의식적으로 생각하면 머릿속에 쏙쏙 들어온다. 목적의식이 분명하기 때문이다. 강의를 늘으러 갈 때도 아무 생각 없이 가는 것과 질문할 궁금증이나 목적의식을 갖고 가는 것은 큰 차이를 가져온다. 자신이 임하는 태도가 결과에 영향을 미치는 경우가 많은데 자기만 모르는 경우가 많다.

역사적으로 수많은 위인이 독서의 중요성을 언급했다. 소크라테스, 데카르트부터 에이브럼 링컨, 빌 게이츠, 스티브 잡스, 워런 버핏 등 해외 각 분야의 위인들이 독서의 중요성을 언급했다. 그들은 독서를 평생의 좋은 친구로 삼고 자기만의 독서법으로 책을 읽었을 것이다. 고대 철학자, 미국 대통령, CEO들은 독서를 어떻게 했는지 문득 그 시대로 돌아가보고 싶은 생각이 든다.

빌 게이츠와 스티브 잡스처럼 인생을 바꾸고 세상을 바꾸는 독서를 하고 싶다면 무작정 읽기만 하면 다 될 거라는 생각은 버려야 한다. '얼마나 많이 읽느냐'보다 더 중요한 것은 '어떻게 읽느냐'다. 인생을 바꾸는 것은 독서량이나 독서습관이 아니라 효과적인 독서법이다. 책을 많이 읽더라도 변화나 성장이 없다면 책을 읽었다고 할 수 없다.

– 김병완의 〈퀀텀 독서법〉 중에서 –

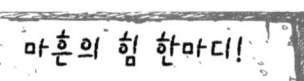

독서는 인생을 바꿔줄 최고의 무기다. 그렇게 되려면 핵심을 파악하고 되새겨야 한다. 그렇게 좋은 독서습관을 익히고 현실에 적용해야 독서가 끝나는 것이다.

05
독서의 끝판왕, 독서토론 모임

대부분 독자들은 혼자 독서하지도 못할 정도로 일상이 바쁜데 시간이 더 드는 독서토론 모임은 더더욱 쉽지 않을 거라고 생각한다. 필자도 독서모임은 시간이 들고 뜻이 안 맞으면 안 좋을 수도 있다고 예상해 참여할 생각이나 꾸려볼 생각조차 안 했다. 20대 대학생 시절 영어공부를 할 때도 혼자 공부하는 것과 학원에 다니며 스터디하는 것의 차이를 경험해보았듯이 영어 스터디와 독서토론 모임의 맥락은 비슷하다고 생각한다. 그럼 스터디 그룹을 조직한 이유를 생각해보자.

혼자 하는 공부보다 나은 스터디의 장점!
1. 꾸준함을 억지로 실천할 수 있다.
2. 자극을 주고받으면서 시너지 효과를 낼 수 있다.
3. 타인의 좋은 방법을 벤치마킹할 수 있다.

독서토론 모임에 회의적이었던 필자도 위의 3가지 장점을 다시 생각해보니 독서모임을 해야 할 분명한 이유를 알게 되었다. 일반적으로 독서토론 모임은 독서 관련 유명 저서의 저자부터 대중을 리드하고 싶어하는 강사, 일반인까지 다양한 분들이 리더 역할을 하고 있다. 최근 사회적 현상으로 줌(Zoom)으로 진행히는 모임도 있으니 지방에 거주하는 분들도 상대적으로 참여할 기회가 많아졌다.

약 2년 전 필자는 강남역 근처에서 독서모임에 참여한 적이 있었는데 주말 일정이 불규칙해 꾸준히 지속하기가 어려웠다. 하지만 멀리 가지 않아도 거주지역에서 일정에 맞는 독서모임을 찾아도 되고 없으면 내가 조직할 수도 있다. 필자도 이번에는 온라인으로 진행되는 독서토론 모임에 참여하게 되었다. 온라인이 활성화되면서 벌어진 현상이다. 대면 토론이 아닌 컴퓨터 모니터로도 충분히 소통할 수 있었다. 살아가면서 불가피하게 만나는 위기가 좋은 기회가 될 수도 있다는 것을 느낀다.

전에는 2주마다 토요일이나 일요일 아침저녁에 만나는 독서토론 모임이 많았다면 언택트의 영향으로 온라인 모임이 많아지는 것이 최근 추세다. 오프라인이든 온라인이든 서로에 대한 믿음으로 역량을 극대화한다면 상호 도움이 되는 독서토론 모임이 될 수 있다고 믿는다. 물론 어떤 모임이든 리더가 잘 이끌고 나가야 하는 부담이 있지만 독서토론 모임은 일반적으로 구성원의 참여가 더 중요하다고 생각한다.

이번 독서토론 모임을 마치면 필자가 리드하는 오프라인 독서토론 모임을 만들 계획이다. 책도 필자가 주도적으로 선정한 것과 구성원의 투표로 선정한 것 등 매달 4권씩 읽을 계획이다. 매주 한 권 독서, 2주마다 한 번 만남을 계획 중이다. 여러분도 좋은 모임에 참여하거나 독서토론 모임을 주최해보길 바란다.

혼자 독서하기보다 소그룹 모임 독서의 구체적인 장점은 무엇일까? 우선 책에서 제시하는 저자의 생각에 대한 각자의 의견을 여러 관점에서 나눌 수 있고 자신이 읽으면서 놓친 부분을 다른 팀원의 감상평이나 의견을 통해 내 것으로 만들 수 있다는 것이다. 책 이야기를 서로 나누면서 질문할 수도 있다. 책에서 질문과 답을 찾다 보면 서로 이해하는 범위도 넓어진다. 책을 토론할 때는 상대방의 의견을 비판하지 말고 브레인스토밍하며 경청하고 존중해주어야 한다. 서로 책을 읽고 이야기할 때는 틀린 것이 아니라 나와 다른 생각만 존재할 뿐이다. 같은 내용을 읽고도 다르게 생각하는 경험이 흥미로울 것이고 혼자 읽을 때보다 시야를 넓혀줄 것이다.

독서모임의 연령대는 다양해도 좋다고 생각한다. 처음에는 세대간 생각 차이를 많이 느끼겠지만 연장자의 삶의 깊이, 젊은 층의 센스를 느낄 기회도 된다. 리더나 팀원들이 서로 조금씩민 더 배려한다면 세대차는 크게 못 느끼고 장점도 느낄 수 있을 것이다. 다시 말해 20대 대학생부터 40대 직장인까지 다양한 사람이 모인다면 사고의 폭이 넓어질 것이기 때문이다.

2년 전 우리 모임은 매달 자유도서와 지정도서 두 권씩을 읽었다. 2주마다 일요일 아침 8시 강남역 근처에서 만나 각자 책을 읽으면서 인상 깊었던 부분이나 밑줄을 그어가면서 읽은 부분을 요약, 정리해 발표했다. 사실 혼자 읽는 것보다 부담스러웠다. 여러 사람 앞에서 짧게 발표하기 때문에 꼼꼼히 생각하면서 집중해 읽어야 했다.

어떤 모임은 10명 중 2명, 6명 중 1명이 발제자로 나서는데 모임 룰에 따라 다르다. 필자는 단 5분씩이라도 참여할 기회가 있어야 한다고 생각한다. 그래야 전원이 집중해 책을 읽어보고 적극적으로 참여할 수 있기 때문이다. 모든 것이 그렇듯이 남이 요약하거나 필기한 것은 잠시 도움은 되지만 내 것이 안 된다는 것을 명심하길 바란다. 많이 읽는 것도 좋지만 짧게라도 직접 발표해보면 역량이 향상될 것이다. 리더는 책 선정이나 토론 등을 원만히 끌어가기만 하면 된다. 적극적인 참여는 모두의 몫이다.

최근 필자가 지켜본 독서토론 모임은 여러 해의 전통이 있고 유명 블로거가 운영했는데 1년 동안 수십 명이 참여해 온라인으로 진행했다. 책을 읽어오면 지식이 풍부한 리더가 브리핑하고 마무리하는 형태로 진행되었다. 독서토론 모임은 소수든 다수든 효율적으로 이끌고 갈 방법에 초점을 맞추고 모두가 생산적으로 참여하면 된다.

최근 독서토론 모임이 늘어나는 추세는 자기계발에 대한 니즈가 강해지고 수많은 자기계발 서적들이 독서의 중요성을 부각했기 때문일 것이다. 비록 우리나라 국민의 평균 독서량이 많지는 않지만 독서하는 사람들은 집단지성의 힘을 빌려 더 노력 중인 것으로 판단된다. 10년 전에도 그 필요성은 있었지만 최근 독서가 백만장자의 좋은 습관이라고 강하게 인식되면서 젊은 층이 독서모임을 적극적으로 갖고 있다. 독서를 해야 성장할 수 있다는 것이 지식인들의 생각이다. 혼자 읽기보다 함께 읽으면 독서습관이 오래 유지되고 함께 나누면 지식의 폭이 넓어진다는 인식이 늘었다. 하지만 독서토론 모임에 막상 참여하려고 하면 고민이 많아지는 것도 사실이다. 필자처럼 혼자 읽기에 익숙한 사람들은 독서토론 모임을 굳이 안 하더라도 자신이 여러 번 읽으면 된다는 생각을 했을 것이다. 또한, 자신이 읽고 싶은 책이 아니라 독서토론 모임의 성격이나 취향에 따라 책을 선택하는 것도 처음에는 많이 고민되었을 것이다.

책을 잘 안 읽는 사람들은 참여를 통해 자극받고 싶어하지만 사람들과 어울리거나 토론 발표에 대한 부담으로 참여를 고민하거나 중도에 포기하기도 한다. 하지만 다양한 분야의 책을 읽지 못하고 자신이 좋아하는 책만 읽는 단점을 보완해주는 장점이 더 많으니 도전해보길 바란다. 부담감을 기회로 생각하면 더 큰 장점과 기회가 보이기 마련이다. 이렇게 독서토론 모임은 타인들의 가치관과 삶의 깊이를 느끼고 나아가 각자의 인생관을 간접 벤치마킹하면서 배우는 교류의 장이다. 등산모임에서 교류하듯 독서로 교류하는 것이다. 독서토론 모임을 지속하다 보면 '우물 안 개구리'에서 벗어나 더 넓은 생각을 하게 될 것이다. 처음에는 어색했지만 진행하면서 점점 익숙해졌고 책을 읽으면서 미처 알지 못했던 것을 다른 분이 더 깊이 있게 말했을 때 독서토론 모임에 참여하길 잘했다고 생각한 적이 많았다.

제주도 올레길을 혼자 걷는 것과 동호회 회원들과 함께 걷고 게스트하우스에서 어울리는 것의 차이를 느껴보라. 독서도 마찬가지다. 여행모임에서 교류하듯 독서토론 모임에 참여하는 즐거움은 취미나 종교보다 더 익숙한 습관이 될지도 모른다. 이처럼 독서토론 모임에 참여하는 것은 단순히 지식습득만을 위한 것은 아니다.

첫째, 사람들과 어울리는 집단지성의 힘, 둘째, 생각이 다른 사람들을 하나씩 알아가는 것, 의사소통의 교류다. 우리는 독서모임에 적극적으로 참여해야 한다. 그리고 자신이 특정 모임에 참여할 것인지 아니면 자신의 취향을 담은 독서토론 모임을 새로 만들어 리드할 것인지 고민해보길 바란다.

> * 독서토론 모임 절차
>
> 1. 내가 새로 만들어 리드할 것인지, 기존 모임에 참여할 것인지 선택
> 2. 독서토론 모임이나 팀원을 물색한다.
> 3. 첫 모임 준비 장소, 시간
> 4. 책 선택 방법과 모임 방법
> 5. 발표 방법
> 6. 지정도서와 선택도서 결정 방법

"독서토론 모임은 책 한 권을 선정해 가장 깊이 있고 폭넓게 읽는 최고의 방법이다. 함께 읽기의 힘과 즐거움을 더 많은 사람과 나누기 위해서다."

– 원하나의 〈독서토론 모임을 꾸리는 방법〉 중에서 –

마흔의 힘 한마디!

등산모임, 종교모임도 좋지만 최고의 모임은 독서토론 모임이다. 일정 수준의 독서습관을 끌어올린 후 독서토론에 꾸준히 참여할 것을 강력히 권한다. 달라지는 나 자신을 발견하고 좋은 사람을 많이 만날 것이다.